知识产权保护与维权

李香波　刘洋成　欧鑫磊　周庆成　著

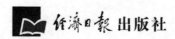

经济日报 出版社

图书在版编目(CIP)数据

知识产权保护与维权/李香波等著. --北京：经济日报出版社,2024.5
ISBN 978-7-5196-1447-8

Ⅰ.①知... Ⅱ.①李... Ⅲ.①知识产权保护-研究-中国 Ⅳ.①D923.404

中国国家版本馆 CIP 数据核字(2024)第 013326 号

知识产权保护与维权
ZHISHI CHANQUAN BAOHU YU WEIQUAN

李香波　等　著

出	版	经济日报 出版社
地	址	北京市西城区白纸坊东街 2 号院 6 号楼 710(邮编 100054)
经	销	全国新华书店
印	刷	北京建宏印刷有限公司
开	本	710mm×1000mm　1/16
印	张	10.25
字	数	138 千字
版	次	2025 年 1 月第 1 版
印	次	2025 年 1 月第 1 次印刷
定	价	58.00 元

本社网址:www.edpbook.com.cn　　微信公众号:经济日报出版社
本社法律顾问：北京天驰君泰律师事务所，张杰律师　举报信箱:zhangjie@ tiantailaw.com
举报电话:010-63567684
本书如有印装质量问题,请与本社总编室联系,联系电话:010-63567684

前言

　　在我国进入新发展阶段的时代背景下,知识产权作为国家发展战略性资源和国际竞争力核心要素的作用更加凸显。知识产权保护工作关系国家治理体系和治理能力现代化,关系经济高质量发展,关系人民生活幸福,关系国家对外开放大局,关系国家安全。保护知识产权,有利于调动人们从事科技研究和文艺创作的积极性。知识产权保护制度致力于保护权利人在科技和文化领域的智力成果。只有对权利人的智力成果及其合法权利给予及时全面的保护,才能调动人们的创造主动性,促进社会资源的优化配置。

　　知识产权自产生以来,在鼓励和保护智力创新、推动科技和经济发展等方面都发挥着重要的作用。我国的知识产权事业经过多年发展已经取得了长足进步,成绩喜人,但总体而言,我国正在从知识产权引进大国向知识产权创造大国转变,知识产权工作正从追求数量向提高质量转变。新时代迫切需要大作为,以早日实现上述两个转变。

　　本书是关于知识产权保护与维权的著作。主要内容包括知识产权概述、知识产权保护体系、著作权及其保护与维权、专利权及其保护与维权、商标权及其保护与维权。

本书的撰写得到了许多专家学者的帮助和指导,在此表示诚挚的谢意。由于水平有限,书中所涉及的内容难免有疏漏与不够严谨之处,希望各位读者多提宝贵意见,以待进一步修改,使之更加完善。

第一章 知识产权概述

第一节 知识产权的内涵

一、知识产权的概念

知识产权，也叫"知识所属权"，指权利人对其智力劳动成果所享有的财产权利，包括占有、使用、转让和收益等的权利。知识产权是一种特有的财产权利，是一种得到法律确认和受到法律保护的特殊权利，是一种私权。

知识产权是一种无形财产权，其客体是知识产品或者智力成果，是一种看不到摸不着的没有形体的精神财富。同有形财产一样，知识产权拥有其固有的属性和潜在的价值，可以给权利人带来收益，同时也是推动商业和国家经济发展的重要角色。

知识产权的对象是人的心智活动，是人智力的创造，属于"智力成果权"。看看我们周围的一切，无论是计算机、手机、平板电脑等信息产品，还是汽车、火车、飞机等交通工具，亦或是冰箱、空调、电视机等电器产品，都是人类智力不断丰富和发展的结晶。无论在何时何地，知识产权常伴我们左右。

二、知识产权的主要内容

发明创造点亮人类文明之光。人类不断进步的文明史就是一部创新的历史，人类的一切文明成果都是创新智慧的结晶。在几千年的创新实践中，人类获得了一个又一个创新成果，这些都构成了知识产权的重要内容。知识产权的内容主要分为两类：一类是工业产权，主要包括专利权和商标权；一类是著作权，也称为版权、文学产权。

专利权，包括发明专利权、实用新型权和外观设计权。

商标权，商标是由文字、图形、字母、数字、颜色或其组合而成的标志。

著作权，对象是作品，是具有独创性并能以某种有形形式复制的智力成果。

随着科学技术的不断发展和经济技术的不断进步，知识产权保护对象的范围不断扩大，不断涌现出新型的智力成果，除了工业产权和著作权之外，还有生物工程技术、计算机软件、遗传基因技术、植物新品种和地理标志等，这些也是当今世界各国公认的知识产权的重要内容。

三、知识产权的主体

知识产权的主体是参与知识产权法律关系，享有知识产权并承担相应义务的当事人。根据一般的法学原理，任何法律规范均有一定的效力范围，即所谓法的生效范围或适用范围，包括法律规范的空间效力范围、时间效力范围和对象效力范围。其中，法律规范的对象效力范围是指法律规范可以适用的主体范围。

如前所述，知识产权一词与其所概括或反映的相关法律制度在产生的时间上并不同步，早在知识产权一词出现之前，以知识产权一词所概括或表述的相关法律制度就已经发展得相当完善了。这些相关法律制度是专利制度、商标制度、著作权制度和反不正当竞争制度等。通过考察《中华人民共和国著作权法》（以下简称《著作权法》）、《中华人民共和国商标法》（以下简称《商标法》）、《中华人民共和国专利法》（以下简称《专利法》）等法律规范所确定的效力范围，即可确定知识产权的主体及其范围。由于知识产权一词是在我国使用的一个法律术语，因此，在对以知识产权一词所概括或表述的相关法律制度的对象效力范围考察时，将考察的范围限定在我国的《专利法》《商标法》《著作权法》。通过考察可以发现，在我国，知识产权的主体可以是包括中国公民和外国人的自然人；也可以是包括中国企业、外国企业和事业单位的法人；还可以是不具有法人资格的其他社会组织。因此可以确认，知识产权的主体包括自然人、法人和其他社会组织三类。

四、知识产权的客体

(一)知识产权的客体是知识

语义上，"客体"与"主体"相对，指的是主体的意志和行为所指向、影响、作用的客观对象。

作为法律关系客体的一切东西都具有两个最低限度的特征：第一，它必须是对主体的有用之物，而且围绕着、针对着它可能发生利益冲突，因此需要对之作出权利义务的分界，明确其归属。第二，它必须是人类能够控制或部分控制的。只有人类能够控制的东西才适宜由法律调整，才可以成为主体的权利和义务作用的对象。知识是人们在改造世界的实践中所获得的认识和经验的总和。它能够为人们所控制和掌握，并给人们带来巨大的利益，因而具备了法律关系客体的基本特征。

从经济学的角度来看，知识的生产是有代价的，如果不授予知识生产者以控制、利用其"知识产品"的权利，就无法保证其经济利益，就会挫伤知识生产者的积极性，整个市场就产生不了足够的知识，不能促进社会的进步。为实现知识生产的最大化，政府就必须通过法律授予知识生产者以控制、利用其知识产品的权利，这便是知识产权。基于这一认识，可以认为，知识产权的客体是知识。

(二)知识产权客体的范围和分类

由于知识产权的范围已在《与贸易有关的知识产权协定》(Agreement on Trade-Related Aspects of Intellectual Property Rights，简称TRIPs)中作了明确的规定，因而能够成为知识产权客体的知识的范围实际上也已确定化，它们是：商标、专利、地理标记、集成电路布图设计和商业秘密。如前文所述，不同类型知识产权的财产价值的来源是不同的。据此，知识产权可分为创造性智力成果权和工商业标记权。知识产权的客体由此概括为创造性智力成果和工商业标记两大类。

第二节 知识产权的性质与特征

一、知识产权的性质

知识产权包含着"信息""形象"这些无形的内容,无形的内容又借助于某种记载形式外化成法律中一种特定类型的财产。在探讨权利性质这个问题时,必不可少地得以公、私权利作为切入点进行讨论。

私权即民事权利,它是与公权相对应的一个概念,指的是平等的民事主体在民事法律关系中所享有的各种权利。知识产权是在传统物权、债权、人身权基础上发展起来的一种新型的民事权利。知识产权与传统的民事权利相比,有许多突出的特点。知识产权就其起源而言虽然有着与传统私权完全不同的轨迹,但这并不妨碍其成为现代私权中的重要一员。这主要是因为知识产权从权利的取得、行使、转让乃至权利受到侵害之后的法律救济都体现出与传统私权相同的特点,与传统私权遵循同样的"私法自治"原则,与传统私权适用同样的私法规则。

近年来,随着科学技术和网络信息的发展,知识产权的客体也在不断地变化和发展,随之而来的新理论则是"知识产权公权化"理论。此种理论产生的原因一方面是,知识产权的授予与确认是由国家完成的,知识产权有了国家公权力的限制和干预则已经超出私权范围,具备了一定的公权属性。另一方面,知识产权除了体现出私人产品属性,还体现了公共产品属性。知识产权的公共属性是为了让公众获知知识产权而推动社会的发展。

虽然上述理论表明有国家公权力介入,但知识产权的私权属性并不因为国家的授权和确认而改变。知识产权影响着一个国家高科技产业健康发展,故而相应的行政保护和司法保护不可或缺,但不可单凭国家公权力的介入而将其划入公权范围。

二、知识产权的特征

(一)知识产权是一种无形财产权

知识产权的客体即智力成果,是一种没有形体的精神财富。客体的非物质性是知识产权的本质属性所在,也是该项权利与有形财产所有权的最根本区别,智力成果的无形是相对于动产、不动产的有形而言的,也有不同的存在与利用形态。

1. 不发生有形控制的占有

由于智力成果不具有物质形态,而是表现为某种知识经验的认识与感受。智力成果虽具有非物质性质的特点,但它总要通过一定的客观形式表现出来,这种表现形式通常称为"载体"。智力成果的物化载体所体现的是有形财产权而不是知识产权。

2. 不发生有形损耗的使用

智力成果的公开性是知识产权的前提条件。由于智力成果必须向社会公开、公布,人们从中得到有关知识即可使用,而且在一定时空条件下,可以被若干主体共同使用。上述使用不会像有形物的使用会发生损耗,如果无权使用人擅自利用了他人的智力成果,亦无法适用恢复原状的民事责任形式。

3. 不发生消灭智力成果的事实处分与有形交付的法律处分

智力成果不可能有实物形态消费而导致其本身消灭的情形,它的存在仅会因法定保护期满产生专有财产与社会公共财富的区别。同时,有形交付与法律处分并无联系,换言之,非权利人有可能不通过法律途径去"处分"属于他人而自己并未实际"占有"的智力成果。基于上述特征,国家有必要赋予智力成果的创造者以知识产权,并对这种权利实行有别于传统财产权制度的法律保护。

(二)知识产权的国家授予性

知识产权与有形财产所有权不同,后者根据一定的法律事实即可设定和取得,并不需要每次由国家机关认可或核准,而知识产权则具有国家授予的特点。知识产权需要由主管机关依法授予或确认而产生。如上所述,智力成果不同于传统的客体物,它没有形体,不占据空间,容易溢出创造者的实际控制而为他人利用。换言之,只要智力成果公布于世,其他人能容易通过非法处分途径而获取利益。因此,智力成果的创造者不可能仅凭创造活动的法律事实即当然、有效、充分地享有或行使其权益,而必须依靠国家法律的特别保护,即通过主管机关授予专有权或专用权。例如,专利权的获得需要经过申请,报主管机关审查批准,并由国家发给专利证书予以确认。商标的产生,绝大多数国家都要求依照法定程序申请注册,并取得注册证后方可有效。

(三)知识产权的双重性

在知识产权领域内,除商标权不直接涉及人身权利内容外,其他各类权利均包括财产权和人身权的双重内容。人身权是指基于智力成果创造人的特定身份依法享有的精神权利,专利权人所享有的署名权、荣誉权,著作权人所享有的发表权、署名权、修改权等。人身权与智力成果创造人人身不可分离,因而不能转让、赠予和继承。知识产权中的财产权是指知识产权人依法享有获得一定报酬和奖励的权利,如专利权、商标及作品的许可使用费等。财产权可以转让、赠予和继承。

(四)知识产权的专有性

知识产权是一种专有的民事权利,它同所有权一样具有排他性和绝对性的特点。不过由于智力成果是精神领域的产品,知识产权的效力内容不同于所有权的效力内容。知识产权有专有性,主要表现在以下两个方面。

第一,知识产权为权利人所独占,权利人垄断这种专有权并受到严格保护,没有法律规定或权利人许可,任何人不得使用权利人的智力成果。

第二,对于同一项智力成果,不允许有两个或两个以上同一属性的知识产权并存。例如,两个相同的发明专利申请,根据法律规定只能将其权利授予其中的一个,而以后的发明申请与已有的技术相比,如果没有突出的实质性特点和显著的进步,不能取得相应的权利。

知识产权同所有权一样都具有独占或排他的效力,但其效力内容和范围是有区别的:首先,所有权的专有性意味着所有人排斥非所有人对其所有物的不法占有、使用、收益或处分,而知识产权的专有性则意味着权利人排斥非权利人对其智力成果进行不法仿制、假冒或剽窃;其次所有权的专有性是绝对的。所有人行使对物质的权利,既不允许他人干涉,也不需要他人的积极协助,其权利效力且无地域和时间的限制。而知识产权的专有性是相对的,该项权利除在效力方面受到限制外,如《著作权法》中的合理使用制度、《专利法》中的强制许可使用制度,还具有地域范围及保护期限的限制。

(五)知识产权的地域性

知识产权作为一种专有权,在空间上的效力并不是无限的,而是受到地域性的限制,即具有严格的领土性,其效力仅限于本国境内。知识产权这一无形财产权的特点是有别于有形财产的。一般说来,对有形财产的所有权的保护原则上没有地域性的限制,不论是公民从一国移至另一国的有形财产,还是法人因投资、贸易从一国转入另一国家的有形财产,都照样归权利人所有,不会发生财产所有权失去法律效力的问题。而无形财产权则不同,它是按照一国法律获得承认和保护的知识产权,也只能在该国发生法律效力。除签有国际公约或双边互惠协定的以外,知识产权没有域外效力,域外的其他国家对这种权利没有保护的义务,域外的任何人均可在自己的国家自由使用该智力成果,既无需取得权利人的同意,也不必向权利人支付报酬。

知识产权这一地域性的特征,究其原因主要是知识产权保护的知识成果基于无形而缺乏像有形物质那样可认知的界定,所以知识成果的产权必须依法加以确认,由法律直接认定。但各国的经济、技术发展水平不同,文化和价值观也各异,对知识产权的认定范围、认定方式、认定内容也千差万别,因而各国不可能自动承认依照别国法律产生的知识产权。

19世纪末期,随着欧美各主要资本主义国家进入帝国主义阶段,商品、贸易、技术越来越国际化,这样知识产权的地域性限制与各国垄断集团希望把知识成果的垄断权从国内推向国外的迫切要求,及知识成果的国际化要求出现了巨大的矛盾。所以各国先后签订了一些保护知识产权的国际公约,成立了一些全球性或地域性的国际组织,以适应这些要求、解决这些矛盾,从而在世界范围内形成了一系列国际知识产权保护制度。20 世纪下半叶,知识产权的严格地域性在一些有限区域内被突破了。某些国家之间通过国际公约建立了知识产权具有国际性效力的原则,但是知识产权的国际保护只有签订了保护知识产权公约的成员国之间才具有效力。而且即使是《与贸易有关的知识产权协议》也仍然坚持地域性这一原则。因此,要想使某项知识产权在境外也得到法律的保护,就必须依照共同参加的国际公约或双方签订的协定,到请求保护国去提出申请或进行登记。否则,它是得不到外国法律保护的。另外,知识产权在某一国家失效,丝毫不影响该知识产权在其他国家已取得权利的效力。

(六)知识产权的时间性

法律赋予创造者对智力成果享有专有权,这一方面激发了创造者继续进行创造活动的志趣与信心,但另一方面对智力成果的传播和广泛应用无疑会带来一定的影响。为了发展科学技术、繁荣文化艺术,智力成果不宜被知识产权人长期独占。知识产权不是没有时间限制的永恒权利。知识产权它具有时间性特点,一旦超出法律规定的有效期限,这一权利就自动消灭,知识成果就会转化为整个社会的共同财富、为全人类共同使用。这一特点是知识产权与有形财产的主要区别之一。有形财产权是依附于财产实体上的,只要财产没有灭失,权利就一直存在。但知识产权并不永远依附于知识成果,因为知识成果具有永恒性的特征,一经产生便永远存在,与人类共始终,所以不可像有形财产权那样,要求知识产权永远和知识成果共始终。

知识产权的时间性特征,是世界各国为了促进科学文化的发展,鼓励知识成果公开而普遍规定的原则。设立知识产权的目的在于采取特殊的法律手段调整因知识成果创造和使用而产生的社会关系,这一制度既要促进科学文化知识的广泛传播,又要注重保护智力劳动者的合法权益,协调知识产权专有性与知识产权社会性之间的矛盾。知识产权时间性规定，反映了建立知识产权法律制度的这种社会需要。

凡属知识产权保护的智力成果，如著作权、专利权、商标权等各有特点，因此法律对每种具体的知识产权都分别规定了期限，各项权利的保护期并不相同。法律之所以这样规定，就在于文学艺术作品和发明创造对于社会科学文化事业的发展有着非常重要的意义。因此必须规定一定的期限，使智力成果从个人的专有财产适时地变为人类共有的精神财富。

第三节　知识产权法的概念、性质与地位

一、知识产权法的概念

知识产权法是指调整民事主体之间因知识产品的产生、归属、利用与保护而产生的社会关系的法律规范的总称。

我国目前没有制定统一的知识产权法典，而是以特别法的形式分别制定了《著作权法》《商标法》《专利法》等知识产权的相关法律。

二、知识产权法的性质与地位

（一）知识产权法的性质

知识产权的私权属性决定了知识产权法的私法性质。知识产权法调整的社会关系具有主体平等性，知识产权的权利内容、权利的转移皆遵循民法的基本规则。虽然知识产权法中也包含了一部分具有公法色彩的法律规范，例如，专利与商标的申请、审批等，但是这些规范只是知识产权法中的程序性规范，并非知识产权法的核心部分，因此并不会改变它的私法属性。

（二）知识产权法的地位

知识产权法的地位是指其在整个法律体系中的位置，即知识产权法是一个独立的法律部门还是归属于某个法律部门。从世界范围来看，英

美法系以判例法为特点,没有编纂法典的传统,因而知识产权法与财产法等各为独立的法律制度;大陆法系多数国家认为知识产权属于民事权利,但在对于知识产权法与民法的关系上各国存在不同的做法。有些国家认为知识产权法是一个独立的法律部门,因而单独制定了《知识产权法典》,如法国的《知识产权法典》;更多的国家是制定相关的单行法。我国学术界对此问题的主流观点认为知识产权法属于民法的范畴。

三、知识产权法的作用

人类社会已经进入知识经济时代,在这个全新的时代中,科学技术与文化艺术既是人类智慧的结晶,也是财富的源泉,甚至已经逐渐取代土地和资本成为最重要的生产要素。知识产权法的完善必将对社会经济文化的发展产生极大的积极影响。

(一)有利于实现国家保护知识产权的战略目的

在知识经济时代,保护知识产权已经不仅仅是保障智力成果创造者利益的手段,更成为世界各国维护国家利益的一个战略手段。国家保护知识产权的目的,是充分鼓励人们进行知识产品的生产和创新,增长社会财富,促进科学、文化事业的发展,从而最终提升国家在世界上的竞争力。为了实现这一目的,就必须加强知识产权法的立法和执法工作。

(二)有利于鼓励知识产品的创造

知识产品的生产具有个体性,传播和利用具有公共性。知识产品一旦被创造出来就很容易被复制且同时为多人使用,如果不赋予知识创造者以某种独占权,就难以保证其收回创造成本,这样势必导致社会知识总量的下降。在知识产权出现之前,知识产品常常被他人无偿使用,使得知识创造者无法获取知识的全部或大部分利益,极大地挫伤了创造的积极性。知识产权法以法律的形式要求:知识及与知识有关成果的使用必须得到知识产权所有人的许可,并支付相应的实施费。这就使得创造者的劳动消耗能够通过实施费的形式予以收回,并获得相应收益。知识产权保护制度借助法律的强力,实现了知识创造外部收益的"内部化",使得知识创造的个人收益与社会收益趋于一致,提高了知识创造的投资积极性。同时,也使知识创造本身成为一种有利可图的职业,从而有效促进了科研专业队伍的形成。

(三)有利于推动智力成果及时、广泛的应用

知识产权制度确立之前,发明创造者往往只能求助于保密措施,通过保密措施来保证对发明创造的垄断使用。技术保密的实施,一方面带来了高昂的保密成本,另一方面也诱致了大量的重复发明,大大延缓了科技成果的推广与应用。知识产权制度确立之后,发明创造者可以通过申请知识产权获得相应的法律保护,实现了保护责任的有效分担和转移。知识产权保护的有效期限,一方面确保了创造者一定时期内的独占权,维护了创造者的创新收益;另一方面,通过保护期限届满时独占权的自动终止,使得科技信息向社会迅速公开,加速了科技成果的及时推广与应用。同时,也使得他人可以在已公开的发明创造的基础上进行新的发明创造,避免重复劳动,形成发明创造的累积效应,从而缩短科技进步的周期。

知识产权法律保护制度对于维护知识和信息的流通秩序,营造维护知识创新者利益的氛围,以及推动知识的传播和使用,都发挥了不可替代的作用。在以知识与科技为核心的国际竞争中,知识产权法在协调各方利益、维护国家主权的过程中也发挥了积极有效的保障作用。

第二章 知识产权保护体系

第一节 知识产权保护体系的主体架构

一、常规知识产权保护体系

常规知识产权保护体系,即以司法保护为主导,构建司法保护与行政保护协调并举,民事仲裁、社会调解、自力救济以及多元纠纷解决机制相配合的保护机制。

加强知识产权保护是完善产权保护制度最重要的内容,也是提高中国经济竞争力最大的激励。这为知识产权工作提供了根本遵循和行动指南,将知识产权工作提升到了前所未有的高度。当前,我国正处在新旧动能转换、爬坡过坎转型的重大关口,加强知识产权保护,推进科技创新,促进高质量发展成为一项非常紧迫的任务。我国将加强知识产权保护作为重点工作,聚焦支撑创新发展和优化营商环境两大职能定位,按照"严保护、大保护、快保护、同保护"要求,聚力构建高效有力的知识产权保护体系,为加快建设引领型知识产权强国提供有力支撑。

二、与常规知识产权保护体系相配套,建立保护机制

(一)知识产权保护预警防范机制

建立知识产权征信系统,将故意实施知识产权侵权行为、抢注商标行为、假冒专利商标行为、反复实施知识产权侵权行为等纳入征信系统。

(二)境内知识产权特殊保护机制

为了保护我国知识产权不受来自外来商品或者服务的侵害,我国应

建立相应的法律规则,并对进口产品侵犯我国知识产权的行为以及进口贸易中的其他不公平竞争进行调查。在实践中,任何涉及专利、商标、版权、集成电路布图设计或中国企业其他知识产权侵权的侵权调查都可以提起。其他形式的不正当竞争行为包括侵犯商业秘密、假冒产品、虚假广告以及违反反托拉斯法。

(三)自贸区知识产权专门保护机制

2013 年 9 月 27 日,国务院批复成立中国(上海)自由贸易试验区。2015 年 4 月 20 日,扩展中国(上海)自由贸易试验区实施范围。2015 年 4 月 20 日,国务院批复成立中国(广东)自由贸易试验区、中国(天津)自由贸易试验区、中国(福建)自由贸易试验区。2017 年 3 月 31 日,国务院批复成立中国(辽宁)自由贸易试验区、中国(浙江)自由贸易试验区、中国(河南)自由贸易试验区、中国(湖北)自由贸易试验区、中国(重庆)自由贸易试验区、中国(四川)自由贸易试验区、中国(陕西)自由贸易试验区。2018 年 10 月 16 日,国务院批复同意设立中国(海南)自由贸易试验区。2019 年 8 月 2 日,国务院批复同意设立中国(山东)自由贸易试验区、中国(江苏)自由贸易试验区、中国(广西)自由贸易试验区、中国(河北)自由贸易试验区、中国(云南)自由贸易试验区、中国(黑龙江)自由贸易试验区。2020 年 6 月 1 日,中共中央、国务院印发了《海南自由贸易港建设总体方案》,并发出通知。2020 年 9 月 21 日,国务院批复同意设立中国(北京)自由贸易试验区、中国(湖南)自由贸易试验区、中国(安徽)自由贸易试验区,扩展中国(浙江)自由贸易试验区。2023 年 10 月 21 日,国务院印发《中国(新疆)自由贸易试验区总体方案》,设立中国(新疆)自由贸易试验区。这些自贸区具有"境内关外"之特征。在自贸区内的知识产权保护,需要构建与自贸区相适应的知识产权保护体制机制。

根据自贸区规则,从境外进入自贸区的货物只是入境货物或者过境货物,而不能认为是进口货物。根据《中华人民共和国知识产权海关保护条例》第二条规定,对进出口货物,海关有权进行知识产权检查。但是对于进入自贸区尚未办理入关手续的货物,海关实行备案制管理免于办理通常的报关手续。因此,进入自贸区的货物侵犯了我国的知识产权,又没有办理进口申报手续,自贸区海关就面临着对这样的货物采取相应措施的问题。因此,知识产权强国战略应当就自贸区知识产权保护建立相应的法律规范,搞好自贸区知识产权保护。

三、防止知识产权滥用,保护公平竞争

在建立知识产权保护制度的同时,要正确处理知识产权滥用之间的关系。因此,我们需要在国家市场监督管理总局设立专门的公平交易局,全面理清知识产权保护、知识产权垄断、知识产权竞争与知识产权滥用的关系,充分利用反不正当竞争法和反垄断法的调整方式。

第二节 知识产权保护体系的指导思想

构建以司法保护为主导,司法保护与行政保护协调并举,民事仲裁、社会调解等多元纠纷解决机制相配合的知识产权保护体系的指导思想是:体系科学、适合国情、适应未来、面向世界。

一、构建科学的知识产权保护体系

知识产权保护制度的建设必须完善知识产权法律法规体系,完善知识产权司法保护制度,加强知识产权行政执法,以常规知识产权保护体系为主线,诸配套保护机制相结合,全方位加强知识产权的保护。

科学性是特定制度体系得以发挥功能的重要属性。知识产权保护体系的科学性应体现在:一是完备性,系统完备要求与知识产权保护相关的立法、司法和执法的基本制度应该具备,不应有所缺漏;二是有效性,有效性要求知识产权保护体系能够服务于体系构建的整体目标,即全方位加强知识产权保护;三是协调性,内在协调要求组成知识产权保护体系的立法体系、司法体系、执法体系等保持协调一致,既包括不同体系间的协调,亦包括单个体系内部的协调。

全面依法治国是坚持和发展中国特色社会主义的本质要求和重要保障,事关我们党执政兴国,事关人民幸福安康,事关党和国家事业发展。历史和现实都告诉我们,法治兴则国兴,法治强则国强,无论是实现社会主义现代化,还是实现中华民族伟大复兴的中国梦,全面依法治国既是重要内容,又是重要保障。

知识产权制度在本质上是一项法律制度,是国家法律体系的重要组成部分;知识产权事务管理和环境治理作为一种国家治理活动,具有现代法治的基本要求。因此,知识产权保护科学体系的建立要紧紧围绕"法治"理念,从立法、司法、执法三个方面全方位展开,即健全知识产权法规体系、完善知识产权司法保护体系、加强知识产权行政执法。

二、构建适合国情的知识产权保护体系

应分析我国知识产权保护体系中现存的问题,并以此构建具有中国特色的知识产权制度。全面推进依法治国必须走对路。要从中国国情和实际出发,走适合自己的法治道路,决不能照搬别国模式和做法。国情现状是我国依法治国制度设计的出发点与立足点,亦是我国知识产权保护体系设计的出发点与立足点。解放思想不是脱离国情的异想天开,也不是闭门造车的主观想象,更不是毫无章法的莽撞蛮干。要坚持解放思想和实事求是的有机统一,一切从国情出发、从实际出发。因此,我国知识产权保护体系的设计要从中国知识产权保护的国情出发,从我国知识产权保护的现实问题出发,设计出真正适合中国的知识产权保护体系。

当前,中国经济发展进入新常态,从表面上看是经济增长减速换挡,实质上是动力转换,创新驱动,完成这一转型关键在于改变经济发展动力,其基本路径就是发挥知识产权激励和保障创新发展的制度功能。①在此国情现状下,加强知识产权保护,构建"严大快同"的知识产权保护体系具有重要意义。2023 年,国内生产总值(GDP)1260582 亿元,按不变价

---

① 吴汉东.经济新常态下知识产权的创新、驱动与发展[J].法学,2016(7):31—35.

格计算,比上年增长 5.2%,增速比 2022 年加快 2.2 个百分点,居世界第二。从发展趋势看,我国经济长期向好的基本面和韧性好、潜力足、回旋余地大的基本特质没有变,此国情下,我国有底气建立水平更高的知识产权保护机制,如境内知识产权特殊保护机制、海外知识产权护航机制等。

三、构建适应未来的知识产权保护体系

知识产权保护体系的构建要具有前瞻性,要考虑到我国知识产权事业未来发展趋势,设计出能够适应未来十五年知识产权保护工作的保护体系。我们要从历史、现实、未来的走势中判断我国经济所处的方位、发生的变化,这样才能保持坚定自信和战略定力,朝着正确方向稳步前行。"未来"二字一直是我国制度构建、任务安排、政策导向关注与考虑的重要因素。

知识产权具有易变性。首先,知识产权制度易受技术变革的影响。其次,知识产权制度容易受到国际形势的影响。经济全球化引发了世界知识产权的整合,在世界贸易组织与各个知识产权国际公约的运作下,各国的知识产权立法都需要不断按照国际公约的要求调整本国知识产权制度。再次,知识产权的易变性要求知识产权保护体系应具有前瞻性,能够适应未来我国知识产权的发展状况。

知识产权保护体系需要适应未来,应看到以下方面我国知识产权事业的未来发展环境:一方面,科技革命的影响将进一步加深。以互联网、大数据、人工智能为代表的新一代信息技术日新月异,给各国经济社会发展、国家管理、社会治理、人民生活带来重大而深远的影响。另一方面,国际政治经济发展环境将更加复杂。全球治理体系深刻重塑,国际格局加速演变。同时,全球发展深层次矛盾突出,保护主义、单边主义思潮抬头,多边贸易体制受到冲击,世界经济整体发展环境面临诸多风险和不确定性。为应对这一困境,中国不仅要建立事前保护的知识产权预警和预防机制,而且要建立国内知识产权保护制度,防止中国知识产权受到外国商品侵权服务的机制,建立海外知识产权特殊保护机制,并做好保护工作自

由贸易区的知识产权。

四、构建面向世界的知识产权保护体系

知识产权保护体系的构建要致力于发出中国声音，提出中国方案，贡献中国智慧，掌握世界知识产权格局变化的主导权。

中国将继续积极加强同世界各国的交流合作，让中国改革发展造福人类。中国将继续积极参与全球治理体系变革和建设，为世界贡献更多中国智慧、中国方案、中国力量，推动建设持久和平、普遍安全、共同繁荣、开放包容、清洁美丽的世界，让人类命运共同体建设的阳光普照世界！从实际情况看，经济全球化对世界经济发展作出了重要贡献，已成为不可逆转的时代潮流。我们将秉持共商共建共享的全球治理观，继续发挥负责任大国作用，积极参与全球治理体系改革和建设，为改革和优化全球治理注入中国力量。当前，全球治理体系正处于调整变革的关键时期，我们要积极参与国际规则制定，做全球治理变革进程的参与者、推动者、引领者。中国的发展在立足国情的同时，亦放眼世界，中国始终作为负责任的大国与世界共享机遇、共谋发展。

中国知识产权大国的建设目标是：到 2030 年我国的知识产权能力、绩效、环境等综合实力位列世界前三，成为世界知识产权领头羊。完成这一目标，我国需要以强大的知识产权实力为基础，展现本国知识产权的国际影响力，掌握国际知识产权制度建设的话语权。因此，配合我国知识产权强国建设战略的知识产权保护体系一定要是面向世界的，致力于发出中国声音、提出中国方案、贡献中国智慧。

第三节　知识产权保护体系的基本思路

知识产权保护体系的构建既能够适应我国经济发展、科技进步、文化繁荣的需要，也能够应对国际知识产权纠纷的解决，统筹国内和国际两个大局，建立既适合我国国情又能够面向世界的知识产权保护体系。在国

内,中国经济已经从高速增长阶段转变为高质量发展阶段。我们必须加强知识产权的创造,保护和使用,努力实现更高质量、更高效、更公平、更可持续的发展。就知识产权保护而言,在经济转型的关键时期,知识产权保护体系的构建也应当着重提升知识产权的质量,以适应我国经济、科技高质量发展的需要为目标,这不仅要求要继续优化常规知识产权保护体系,还要遵循"提升知识产权质量,适应我国经济高质量发展,建设创新型国家"的基本思路,建立能够保证常规知识产权保护体系实施的相关体制机制。

一、提升知识产权质量

(一)高水平地创造知识产权

1.完善知识产权创造的激励机制

人们对知识产权的使用和经济利益的回报没有给予足够的重视,导致低质量专利驱逐高质量专利,降低了创造者的创新动力。在此情形下,应当完善知识产权创造的激励机制,加大科研人员专利申请激励力度,对重点行业和领域实行适当倾斜,引导提升知识产权的实用性和价值。改善我国知识产权服务机构的能力和水平,构建新的考核体系以驱动知识产权质量的提升。

2.继续优化知识产权结构

近几年,我国知识产权申请量、授权量逐年提升,但同时也应当注意在构建知识产权保护体系时,应优化知识产权结构,在提升知识产权数量的同时,要继续打造核心专利、知名品牌、版权精品,实现"量值齐升"的局面,助力我国实现"中国制造"向"中国创造"的转变。

(二)高效率地运用知识产权

1.破除制约知识产权运用的体制机制障碍

强化知识产权运用首先要从制度层面上破除一切制约知识产权运用的体制机制,修改现有法律法规,废除阻碍知识产权交易和转让的制度,夯实知识产权运用的基础条件,全面提升知识产权运用能力。

2.完善促进技术转化的法律法规

为了有效促进技术转化,应当首先完善相关的法律法规,加快推进科研机构立法,增强科技体制改革举措的稳定性和持续性,明确科研机构在国家创新体系中的定位,形成新的国家科技创新管理秩序。

3.建立统一的信息服务平台

一方面,要建立信息共享平台。加强各类知识产权客体信息公共服务平台建设,构建和完善信息公共服务和交流平台。另一方面,要建立一站式服务平台,利用新技术建立专门的知识产权数据库,促进研发者与使用者信息对称,推动知识产权的创造、运用和管理。这主要是指在专利方面,必须找到一个适用于大部分专利的模板样本库,定义出需要的内容,排除不需要的杂质,最终形成一种结构化数据,保证各类社会主体及时、有效地获取基础数据,吸引民间资本投资开发高附加值的专利信息。

(三)高标准地保护知识产权

1.立法上提高知识产权保护的标准

要完善知识产权保护相关法律法规,提高知识产权审查质量和审查效率。要加快新兴领域和业态知识产权保护制度建设。因此,加强知识产权立法保护至少包括三个方面的含义:其一,要进一步完善现有知识产权法律,加大知识产权侵权违法行为惩治力度,引入惩罚性赔偿制度,提高违法成本,以创造国际一流的营商环境。其二,要加快新兴领域和新业态知识产权保护的法律建设,完善知识产权相关法律制度,加强新业态新领域创新成果的知识产权保护。其三,一方面,针对国外在我国境内侵犯知识产权的行为,应建立有效的体制机制进行查处、处罚;另一方面,在遭受不合理待遇时,可以及时有效地采取相应的手段对国外企业进行知识产权制裁。

2.司法上强化知识产权保护

深化审判体制机制改革,促进知识产权审判体制机制向专门化和现代化方向发展,继续推动知识产权审判"三合一"改革。继续深化知识产权智慧法院的建立,进一步加强技术实施,大力加强信息化建设,探索运用虚拟现实技术、现实增强技术、远程变焦视频技术等,解决证物展示以及大型证物远程勘验等问题。同时探索建立诉讼材料电子寄交、裁判文书电子送达机制,通过在线方式开展部分诉讼程序,方便诉讼当事人,提高诉讼效率。加强知识产权行政保护,设立专门的知识产权行政执法机制,维护公平竞争秩序,防止知识产权滥用。

3. 加强行政审查和行政执法

在行政审查方面,行政审查部门应当严格执行专利审查标准,加大对非正常申请专利行为的监管力度。加强注册商标监管,严厉打击商标囤积、恶意抢注等扰乱市场秩序的行为,缩短商标审查周期、建立优质便捷高效的商标注册体系。将新技术运用到知识产权审查中,由新技术辅助人类完成专利申请审查和商标注册申请审查,提高知识产权授权质量、速度和水平。在行政执法方面,借助互联网,通过源头追溯、在线识别、实时监测,提高保护效果。继续加强新技术在行政执法上的运用,帮助查处在海关、网络环境下的知识产权侵权行为。

二、适应我国经济高质量发展

我国经济已由高速增长阶段转向高质量发展阶段,正处在转变发展方式、优化经济结构、转换增长动力的攻关期,建设现代化经济体系是跨越关口的迫切要求和我国发展的战略目标。在这个经济转型的关键时期,知识产权保护体系的构建应当能够服务于经济高质量的发展。

(一)我国经济发展转型的现状

经济发展是国家的生命线,当下中国经济发展正处于"爬坡过坎"的关键阶段,已经进入经济发展的增速换挡期风险凸显期和升级机遇期。这一时期从表面上看是经济增长减速换挡,但是从本质上则是发展动力的转换和重塑,一个显著的变化就是要素的规模驱动力减弱,经济增长将会更多地依赖科学技术的进步。

(二)知识产权体系构建对经济发展的作用

在经济转型的重要时期,打造中国经济升级版,实现从世界大国向世界强国的转变,关键在于改变经济发展动力、提高经济发展质量,其基本路径就是发挥知识产权激励和保障创新发展的制度功能。知识产权保护体系的构建应服务于经济发展的需要,紧密结合我国经济社会发展的需要,为我国经济转型构建完善的制度保障,引领创新创业发展,推动传统产业转型升级。

三、建设创新型国家

(一)知识产权保护体系的建设要适应创新驱动发展战略的需要

实施创新驱动发展战略,强调科技创新是提高社会生产力和综合国力的战略支撑,必须摆在国家发展全局的核心位置。必须能够适应我国创新驱动发展战略的需要,用知识产权制度推动科技创新、管理创新、商业模式创新、业态创新、文化创新。

(二)知识产权保护体系的建设为科技进步保驾护航

知识产权法基于科技革命而生,伴随着科技革命而变化,其制度史本身就是一个法律制度创新与科技创新相互作用、相互促进的过程。从历史进程来看,近现代工业化的发展经历了几个阶段:蒸汽时代、电气时代、信息时代和智能时代,可以说近现代工业化的进程就是科技不断进步的过程。在工业经济时代,知识产权是现代科学技术和商品经济的产物,为资产所有者提供了获取财产的新途径。在知识经济时代,知识产权是现代科学技术进步和市场经济发展的动力。在智能革命时代,知识产权体系的构建也应为技术的发展保驾护航,保障科技进步和科技创新。

四、构建完善的知识产权创新途径

(一)构建较为完善的国家科技创新体系

适应时代发展,推动产业结构升级,必须建立和完善国家科技创新体系,即适应社会主义市场经济和科技发展规律,以企业自主投入为核心,科研院所和高等院校为知识支撑,社会化科技服务体系为转移媒介,政策法规体系为保障的涵盖知识生产、传播和运用全过程的有机联系的整体。

1.确立适应社会主义市场经济和科技发展规律的观念

确立适应社会主义市场经济和科技发展规律的观念,不断增强我国科技创新能力,提升科技创新体系的整体效率。我们应当认识到,国家创新体系建设的重要目的是整合全国的科技创新能力,迅速提升产业的技术水平,推动自主知识产权的品牌产品的涌现。我国应当尽快形成各区域有机联系的、开放的国家创新体系框架和运行机制,合理配置全国科技创新资源,创造条件充分发挥各类科技人才的作用,形成农业经济、工业经济和知识经济协调发展的格局,在发展过程中不断优化产业结构,提高知识产业增加值在 GDP 中所占份额。

2.逐步建立以企业自主投入为核心的多元科技创新投入体系

目前,一方面需要政府加大科技投入力度;另一方面,要调动各方面积极性,多渠道增加科技投入,特别要引导风险投资机制的建立,为高科技产业化创造条件。要逐步建立以企业投入为主,政府政策引导,金融部门和社会各方面参与的多层次投入保障体系,鼓励更多的社会资产投入到科技创新的活动中去。

3.以科研院所和高等院校为知识支撑,实现科技链和产业链的联动

目前高等院校、科研院所的科技成果转化率和企业采用新科技成果的数量都不高,高新技术产业的技术源头与需求终端出现脱节,科技链与产业链缺乏有机结合,国家科技创新体系的建立就是为了贯通科技链和产业链,实现科技链与产业链的联动。政府应充分发挥其信息灵通的优势,积极为产业界、学术界和科研机构牵线搭桥。应当以政策、信息来推动产学研的结合,制定有利于产学研结合的政策;要深化科技和教育体制改革,促使科研人员转变思想观念,鼓励企业与高等院校、科研院所挂钩,在科研开发、成果产业化、人才培训等方面开展长期广泛的合作;鼓励企业与高等院校、科研院所联办研究开发机构、共建技术研究中心、企业技术中心、企业博士后流动站等;鼓励企业与高等院校、科研院所以股份制

的形式组建科研生产联合体,开展项目合作,允许高等院校、科研院所的科研人员到高新技术产业开发区挂职等。

4. 以社会化科技服务体系为转移媒介,推动科技成果转化

活跃科技创新体系,需要科技服务机构作为科技成果转移媒介参与,政府应当通过鼓励科技经纪机构、科技咨询机构、科技评估机构的发展,努力办好科技创业服务中心和孵化器,创造良好环境,增强服务功能,推动社会化的科技服务体系建设,促进高新技术成果转化。

5. 以政策法规为手段保护知识产权,促进自主知识产权产品不断涌现

应当减少行政措施,增强以政策法规为主的法律保障,加大知识产权法律法规的执法力度,切实保护知识产权,从而调动科技人员从事知识生产、创新和形成自主知识产权的积极性和创造性,通过推进技术股、管理股、创业股、风险股等制度的实施,起到保护知识产权的作用。

6. 加强各部门的协同,建立国家科技创新体系

国家科技创新体系的建立,不仅是科技管理部门的责任,而且涉及社会方方面面,在科技创新体系中也不仅是部门与部门之间的传递交接关系,而是国家的宏观整体行为,因此,国家科技创新体系的建立,应当着眼全局,考虑全社会科技创新资源的总体布局和优化安排。

(二)全力培育高新技术产业

在新经济的发展中,以信息产业为主导的高新技术产业是主导力量,对推动经济结构的优化和实现产业结构升级具有举足轻重的作用。我国应当以国家级高新技术产业开发区以及大学科技园区为重点区域,发展高新技术产业,开发高新技术拳头产品,特别注重发展信息技术产业、生物技术产业和新材料技术产业,培育高新技术龙头企业,不断加强我国高科技企业的市场竞争能力和我国产品的国际竞争力,从而促进我国经济结构的调整优化。

1. 完善高新区软硬环境,促进高新技术产业生长

(1)应当依托现有行政区划,在城市规划、工商、税务、项目审批、劳动

人事、进出口业务等方面赋予高新技术产业开发区管委会必要的行政和经济管理权限,鼓励高新区利用自身相对封闭的局部环境。在企业管理体制、社会体制、分配体制、劳动人事体制等方面进行大胆的改革探索,形成有利于高新技术产业发展的经济环境。

(2)应着力建立一种小政府、大社会的行政体制,机构精简、工作高效、注重服务,协调整合社会各方面的力量,衔接社区职能。

(3)按照创出特色、形成优势的要求,根据各自的现有基础和国际科技发展方向,选择重点领域着力培育,使园区在该领域具有较强的整体竞争能力,逐步形成园区的主导产业,聚集企业、科研院所、高等院校、中介服务组织和政府机构等各个方面的优势,显著提高自主开发能力和获取外部知识的能力,建成区域创新中心,带动周边地区高新技术产业的发展。

(4)开拓高新技术产业资本市场(证券市场和产权交易市场),在高新区内建立能出让产权或股权的资本市场,促进高科技小企业迅速成长。

2.努力培育具有自主知识产权的高新技术产品群

围绕电子信息,先进制造技术、新材料、生物工程和新医药等新兴产业,以大容量,高市场占有率的优势产品为龙头,实施应用基础研究、技术开发、技术改造、基本建设和引进消化吸收等一系列链式发展的科技经济计划,培育技术高度关联、市场共同和功能大体相近为特征的高新技术产品群,形成具有我国特色和优势的高新技术产业。

3.重点支持优秀企业集团和科技型中小企业,提高我国企业市场竞争力

建立健全一批国家级企业集团的技术中心,提高企业的开发能力和高新技术成果工程化、产业化能力,创出一批中国名牌产品;抓好环境、体系、能力建设,建立和完善有利于创新的社会化服务体系;用好"科技型中小企业创新基金",全面推进中小企业技术创新工作。重点支持一批基础好、发展势头强的科技型中小企业,开发转化具有良好市场前景的高新技术成果,形成有较强竞争力的高新技术产品,培育一批产业特色鲜明、运

行机制灵活的高科技中小企业。

4.鼓励民营科技型企业的发展

应当鼓励那些属于新兴发展领域、具有国际竞争力的民营科技型企业的发展,不断优化民营科技型企业发展的外部环境,对扶持民营科技企业的融资、税收、人才等方面的政策进行梳理和完善,充分发挥商会、行业协会等中介组织的作用,加快民营科技企业服务体系建设;从法律上明确保护民营科技企业的合法财产不受侵犯,为其发展创造更好的环境。

5.通过政府采购等措施,为高新技术产业发展创造市场

由于高新技术产业市场不是现成的市场,高新技术产业市场更加需要开拓和引导,政府对高新技术产业的支持,重点应放在创造市场和培育市场上,对于科技型企业的新技术、新产品或新服务,政府应当在政府采购和技术支持方面提供具体帮助。

(三)激励创新人才迅速成长

新经济发展的核心是人才,国家科技创新体系建设成功与否的标志是能否吸引和聚集优秀人才创新创业。因此必须进一步建立并完善对各类专业人才特别是科技人才的培养激励机制和相应政策体系,使知识价值能更充分地体现出来。

1.从人才培养方面入手,提高人才的创新技能

提高高等院校教育质量、科研质量和管理水平,使高等院校成为培养高层次人才、解决基础性科技问题和从事科技前沿探索的基地;加强职业培训,为社会和企业输送具备熟练技能的专业人才;健全继续教育制度,促进各类专业人员的知识更新与技能提高。培养全民终身学习观念,大力进行科普教育,切实提高大多数民众的科学文化素质,为知识经济的发展打好人力资源的基础。

2.从明晰知识产权入手,形成合法的保障机制

制定并完善科研成果产权归属和成果转化效益分配为重点的知识产权法规,加大知识产权执法力度,保护专利权人合法权益,实行职务成果完成人按比例获得报酬的规定,允许和鼓励知识分子业余兼职,实行知识分子弹性工作制,探索通过契约明确所在单位和兼职双方权益义务的协议管理机制。

3. 从利益分配入手,完善激励机制

研究制定科技人员知识产权形成的评价政策、工资报酬政策、绩效挂钩政策、知识产权入股的股利分配政策、研发人员送配股政策等,鼓励科技人员以自主知识产权入股,建立有利于高新技术产业发展的科技人员利益分配机制。

(四)建立和完善风险投资机制

新经济发展的重要支撑是风险投资,风险投资是催化剂,是促进科技人员创新创业的重要因素。因此,我国应当健全国家科技创新体系,建立和完善风险投资机制。

当前可以在充分利用原有的政府科技风险投资和银行科技贷款的基础上,采取切实措施吸引民间资本流向风险投资业,使民间资本成为风险投资的主要来源;应当优先考虑高新技术企业的股票上市,充分吸纳社会资金支持优秀高新技术企业发展,积极创造条件推动高科技企业到海外资本市场融资;充分发挥政府投入的导向作用,通过完善高新技术产业发展的基础环境,引导社会资本流向高新技术产业。

建立风险投资机制,需要研究风险投资和知识产权投资的产权流动变迁机制。针对风险投资资本追求的是资本利得而非财务收益的现状,必须加快建立知识产权和风险资本投资的资产评估、协议转让、售后服务等流动机制和二板市场,保证知识产权和风险资本投资的利益,从而更好地引导风险资本投资于高新技术产业。

(五)全面推进产业升级

新经济是建立在知识和信息基础上的经济,以科技创新为发展动力,不但需要高新技术产业的发展,更需要运用新知识、新技术改造提升传统产业、发展新兴产业。

积极发展壮大机械、电子、轻纺等支柱产业,是我国产业升级和工业结构调整的突出任务,也是科技创新的重要内容。我们应当根据国民经

济发展的总体部署,集中力量,以名牌产品为龙头,以重点企业集团为骨干,加快发展壮大各具特色、达到合理经济规模、与国际接轨的支柱产业。机械工业要重点提高产业的集中度和规模水平,加快普及数控技术,尽快形成一批在国际、国内市场具有较强竞争优势的高科技产品;电子工业必须充分发挥我国的"后发优势",积极参加国际分工,通过引进、消化、吸收国外先进技术,努力缩短与国际先进水平的差距,力争在现代通信、计算机多媒体及中文平台软件等领域实现跨越式发展,继续大力开发消费类电子产品,提高我国家电产品在国际市场的份额;加快我国轻纺行业的技术进步,增加品种、提高档次,增强出口创汇能力;另外,要顺应新的农业科技革命的潮流,以农产品深加工为龙头,大力加强农业科技创新,实现农业生产方式和经营方式的根本转变,培育一批在国内外有一定影响的农业高新技术企业,开发一批具有国际竞争力的农业高新技术产品,建立适应新时代农业发展需要的农业生产技术体系,推动农业生产力实现质的飞跃。

新经济对经济增长的突出贡献是在第三产业中形成新兴服务业。培育新兴服务业,不是一二三产业之间的比例调整,也不是简单地"退二进三",而是培育具有较高知识含量的新兴服务业。具有知识含量的新兴服务业,其基本特征是服务企业以知识的创造和应用为主,其职工 30％以上具有从事知识服务活动的能力。

第三章 著作权及其保护与维权

第一节 著作权概述

一、著作权的概念

著作权的概念有很多,主流观点认为,著作权,是指自然人、法人或者其他组织对文学、艺术和科学作品依法享有的财产权利或精神权利的总称。[①] 这个定义从权利的主体、客体和权利属性三个方面界定,而且结合了法律的规定,在三个方面也都比较具体,是比较全面稳妥的定义。

著作权无非是通过法律在作品上设定的有关人的权利,这种权利是知识产权的一种,具有知识产权的一般本质。同时,因为权利客体的特殊性,使权利的主体和内容不得不具有一定的特殊性,这些特殊性既框定了著作权的外延,也造就了著作权自己的特殊本质。

作为一种知识产权,著作权也是一种对知识产品的专有使用权,其权利的一般本质就是专有使用权。由于著作权的客体是作品,作品的本质是精神消费品,所以,著作权的使用权就似乎表现为消费权。但是,消费是经济活动的末端行为,消费品是终端产品,消费者是社会大众,作品一旦进入消费环节,消费者对作品就享有消费权,消费权是没法由作者专有的。之所以会得出"专有消费权"的结论,正是因为站在末端消费者角度,而不是从作者角度,把作品看作消费者的消费品,而不是作者的作品。所以,被"专有"的并不是消费权,而是其他权利。这个其他权利也不是什么

---

① 吴汉东.知识产权法学 第 6 版[M]北京:北京大学出版社,2014:27.

笼统的财产权或精神权利,而应该是财产权或人格权中的某个或某几个具体的权能。

我们知道,作品经表达而产生后,一旦以发行等形式传播出去,消费者就会通过购买、获赠、传阅等方式取得消费权,作者就失去了对作品的控制。表达是作品的生产形式,传播是作品的流通形式。作品形成后,作者所能控制的就是传播,法律给作者在作品上设立的权利本质上就是传播权。所以,著作权的最一般的定义是:作者对作品所享有的传播权。

作者的传播权包括选择传播和不传播的权利,以及选择传播方式和由谁传播的权利。传播权可以根据传播方式分解为发表、复制、发行、出租、展览、表演、广播等权利,在行使这些权利的时候,还有决定是否署名、如何署名,是否修改作品、如何修改作品等权利,所以,传播权既有财产权,也有人格权。

二、著作权的权利属性和相关权利

(一)著作权的权利属性

权利作为法律术语,权利属性涉及权利的设置和法律安排。著作权是知识产权的一种,具有知识产权的基本属性,同时,因为权利客体的特殊性,著作权也具有特殊的属性。

1. 人身权属性

由于作品是作者情感和思想的表达形式,作品的内容反映的是作者的情感和思想,是作者的内心世界,是作者的精神人格。所以,作品的内容和表达形式都应该由作者选择,由作者决定,这种选择权和决定权本质上是为了体现和保护作者的人格。当作者向社会公众传播作品时,附着于作品的表达形式及其署名也体现了作者的人格,因而传播权必然具有人身权性质。

2. 财产权属性

作品是精神消费品,作为消费品,其财产属性毋庸置疑,那么,设置在作品上的著作权的财产权属性也就毋庸置疑。不过,著作权的财产权属性还具有自己的特殊性。

(1)财产权的客体是最终消费品。作品是直接的消费品,不是中间"产品",作者就是生产者,读者就是消费者,媒体只是"中间商"。

(2)财产权的内容是传播权中的有关权利。这是因为作品是通过传播实现最终消费的,作者在作品传播过程中有获取利益的权利。所以,著作权中的财产权不是作品的专有"使用权",而是专有"传播权"。

(3)两类著作权客体的财产属性不尽相同。文学艺术作品只有最终消费品属性,而理论学术作品除了最终消费品属性外,还具有基本生产资料的财产属性。这是因为理论学术作品还是思维的工具或原材料,为技术产品和下一个理论学术作品提供生产资料。

(二)相关权利

著作权是作者对作品的权利,作品是要传播的,是要走向消费者促进社会精神文明建设的,作品传播者对作品传播形式享有的权利就是著作权的相关权利。这个权利在著作权法学理论中叫作邻接权。

邻接权在作品的传播过程中很重要,没有邻接权,作品的传播形式得不到保护,作品就只能由作者自己传播,或者不传播,作品的社会价值就难以或无法实现。但是,传播形式不是表达形式,作品原有的内容和表达形式没有改变,传播者没有在原有作品基础上独创,所以,邻接权本质上不是著作权。

三、著作权的特征

著作权是作者享有的民事权利,是知识产权的重要组成部分,具有客体的无形性、垄断性、时间性、地域性等知识产权的共性。同时著作权存在以下几方面特殊性。

(一)权利产生的自动性

《著作权法》第二条规定,中国公民、法人或者其他组织的作品,不论是否发表,依照本法均享有著作权。外国人、无国籍人的作品根据其作者所属国或者经常居住地国同中国签订的协议或者共同参加的国际条约享有著作权,受本法保护。外国人、无国籍人的作品首先在中国境内出版的,依照本法享有著作权。未与中国签订协议或者未共同参加国际条约的国家的作者以及无国籍人的作品首次在中国参加的国际条约的成员国出版的,或者在成员国和非成员国同时出版的,受本法保护。著作权是基于作品的创作完成自动取得的,一般不必履行任何形式的登记或注册手续。而专利权、商标权则需向有关行政主管部门申请,并需经行政确权、登记及公告。

(二)权利主体的广泛性

《著作权法》第九条规定,著作权人包括作者和其他依照本法享有著作权的公民、法人或者其他组织。《著作权法》第十一条和第十二条规定,著作权属于作者,本法另有规定的除外。创作作品的自然人是作者。由法人或者非法人组织主持,代表法人或者非法人组织意志创作,并由法人或者非法人组织承担责任的作品,法人或者非法人组织视为作者。在作品上署名的自然人、法人或者非法人组织为作者,且该作品上存在相应权利,但有相反证明的除外。

作者等著作权人可以向国家著作权主管部门认定的登记机构办理作品登记。

据此,在我国,著作权的权利主体可以是自然人、法人、其他组织,国家也可以是著作权的主体。具有民法权利主体资格条件的主体,都可以成为著作权的权利主体,著作权权利主体也不受行为能力和国籍的限制,未成年人和外国人均可以成为著作权的主体。例如,幼儿园、小学的未成年人创作的图画,未成年人是作者,享有作品的著作权。

(三)权利客体的多样性

著作权保护的客体是作品,生活中的作品具有多样性的特点。文学、艺术和科学领域内的作品具体包括:文字作品、口述作品、音乐作品、戏剧作品、曲艺作品、舞蹈作品、杂技艺术作品、美术作品、建筑作品、摄影作品、电影作品和类似摄制电影的方法创作的作品、图形和模型作品、计算机软件作品等。相比之下,专利权和商标权客体的表现形式及涉及的领域较为有限,例如,专利权客体为工业领域内的有关产品或制造方法的技术方案或设计方案,而商标权的客体是用于商业领域内把商品或者服务区分开来的特定标识。

(四)权利内容的复杂性

《著作权法》第十条共列举了四项著作人身权和十三项著作财产权。

1.著作权人身权

(1)发表权,即决定作品是否公之于众的权利。

(2)署名权,即表明作者身份,在作品上署名的权利。

(3)修改权,即修改或者授权他人修改作品的权利。

(4)保护作品完整权,即保护作品不受歪曲、篡改的权利。

2.著作财产权

著作财产权包括:复制权、发行权、出租权、展览权、表演权、放映权、广播权、信息网络传播权、摄制权、改编权、翻译权、汇编权、应当由著作权人享有的其他权利。而专利权和商标权等其他知识产权的权利内容相对简单,且主要涉及财产权。

第二节　著作权的主体

一、著作权主体的概念

著作权主体,又称为著作权人,是指依法对文学、艺术和科学作品享有著作权的人。

根据《著作权法》第九条的规定,著作权人主要包括:作者;其他依照本法享有著作权的公民、法人或者其他组织。因此,著作权的主体可以分为以下三种类型。

第一种是自然人作者,即创作作品的自然人。

第二种是被"视为作者"的法人或其他组织。

《著作权法》第十一条第三款规定,由法人或者其他组织主持,代表法人或者其他组织意志创作,并由法人或者其他组织承担责任的作品,法人或者其他组织视为作者。所以,在作品创作过程中,在一定条件下法人或者其他组织也可以被视为作者。这两种主体亦可称为著作权的原始主体,它们都基于作品的创作而获取权利。

第三种权利主体指的是基于一定的法律事实,继受取得权利的主体,如通过继承、接受馈赠或依法律规定而取得权利者。因此,著作权的主体可以是自然人,也可以是法人或国家。

所以著作权主体这一概念在范围上大于作者,作者是最基础的一类著作权主体。所谓作者,是指直接创作作品的自然人,是为作品付出创造性劳动的人,在大多数情况下作者是其作品的著作权主体。《著作权法》第十一条第二款规定,创作作品的公民是作者。《中华人民共和国著作权法实施条例》(下文简称《著作权法实施条例》)第三条规定,《著作权法》所称创作,是指直接产生文学、艺术和科学作品的智力活动。据此,作者应具备以下两个条件。

(一)直接从事创作活动

所谓创作,是指作者通过自己的独立构思,运用自己的能力和技巧表达思想或情感的活动。因此,只有从事创造性智力劳动的人,才能成为作者。仅为作品的创作提供简单的物质材料或从事其他辅助性活动,而没有直接从事实质性的创作活动的人,不能成为真正意义上的作者。

(二)以一定的形式将作品完整地表现出来

只有在创作活动的基础上完成作品并将其以一定形式表现出来的人,才能成为作者。如果只是从事创作活动,但没有完成或形成作品,创作人就不能成为作者。

智力创作活动,是一种事实行为,而非民事法律行为,因此,作者的主体资格不受创作人本人的民事行为能力制约。只要通过自己的创作活动完成一定形式的作品,即使是未成年人也能成为作者,并依法享有著作权。当然,未成年人作为著作权人时,著作权的行使通常应由其法定代理人完成。同时,作品的种类是多种多样的,如文字作品、口头作品、美术作品、摄影作品、计算机软件等都是法律规定的作品。因此,凡是完成上述不同形式作品的人,都属于作者的范畴。

二、著作权主体的分类

著作权主体的确定既是作品商品化的基本条件,又是著作权纠纷仲裁的根本前提。根据权利获取的方式,著作权主体可以分为原始主体和继受主体;根据权利的完整程度,可以分为完整的著作权主体与部分著作权主体;根据权利主体的国籍,可以分为著作权内国主体与著作权外国主体。

(一)原始主体与继受主体

所谓原始主体,是指作品创作完成后,直接根据法律规定或合同约定对作品享有著作权的主体。通常情况下,原始主体即为作者。所谓继受主体,是指未进行作品的直接创作,而是通过受让、受赠、继承等方式取得著作权的主体。原始主体的主体资格是基于创作行为而直接产生,原始主体的产生与著作权的取得具有时间上的同步性;继受主体的主体资格是基于受让、受赠、继承等行为而产生,继受主体的产生则以著作权的事先存在为前提,以权利主体的事实转换为条件。

(二)完整的著作权主体与部分的著作权主体

著作权主要包括著作人身权和著作财产权两个部分。完整的著作权主体,是指同时拥有全部著作人身权和全部著作财产权的主体,著作权主体的权利与著作权的内容完全一致。部分的著作权主体,是相对于完整的著作权主体而言的,指的是仅拥有部分著作人身权或部分著作财产权的主体,具体可分为以下三种类型:拥有完整的著作人身权和部分的著作财产权的主体、拥有部分的著作权人身权和完整的著作财产权的主体、拥有部分的著作人身权和部分的著作财产权的主体。

(三)著作权内国主体和著作权外国主体

著作权内国主体包括本国公民、本国法人或本国其他组织。著作权外国主体包括外国公民、外国法人、外国其他组织以及无国籍人或组织等。由于著作权的地域性,内国主体和外国主体在著作权的法律待遇上存在明显的差异。

需要注意的是,国家是特殊的民事主体,在某些情况下国家也可以成为著作权主体。在以下几种情况下,国家可以成为著作权主体。

第一,公民、法人将著作权中的财产权赠与国家,国家即为著作权主体。

第二,公民死亡时既无继承人又无受遗赠人的,著作权中的财产权归国家所有。

第三,法人终止,没有承受其权利义务的主体的,著作权中的财产权归国家所有。

三、特殊作品的著作权主体

通常情况下,作品的创作者就是著作权主体。我国《著作权法》第十一条第一款规定,著作权属于作者,本法另有规定的除外,因此,著作权属于作者是著作权归属的一般原则。一部享有著作权的作品,在著作权纠纷中需要确定谁是原始著作权人时,往往需要确定谁是作者。例如,文字作品的作者比较容易确定,许多国家规定在无相反证据的情况下,在作品上署名的人就被认定为该作品的作者。如无相反证明,在作品上署名的公民、法人或者其他组织为作者。然而,随着作品创作方式的多种多样,作品可以是独立创作,也可以是共同创作或委托创作,也存在各种多元化形式的作品,例如,戏剧、舞蹈作品的作者是谁,其著作权主体是谁,在学界一直存在较大争议。一种观点认为戏剧、舞蹈作品的作者不仅是剧本、舞谱的创作者,还包括演绎者、导演等人;另一种观点认为只有剧本、舞谱的创作人才是著作权主体,演员、导演等人享有的是与作者著作权不同的邻接权。因此,对于一些特殊形式的作品,其著作权的主体需要在一般原则之下,做出一些特别规定以解决有争议的著作权归属问题。

(一)演绎作品的著作权主体

演绎作品,是指改编、翻译、注释、整理已有作品而产生的新作品。新作品既是对已有作品的继承,又进行了某种程度上的创新,其著作权由改编、翻译、注释、整理人共同享有。演绎作品必须满足作品"独创性"要件,应当与原作品有实质性区别,如果只是对原有作品的稍加修改,依然属于法律意义上"复制"的作品。这种实质性改变主要有以下四种形式。

1. 改编

改编是指以原有作品为基础,将原作品内容以不同的形式再现。如将某一小说改编为剧本,改编人对改编作品享有完整的著作权,改编后的作品既受到原作品著作权的保护,又受到改编后作品著作权的保护。因此,使用改编作品,必须获得原作品与改编作品两个著作权人的双重许可。

2. 翻译

翻译是指将已有的作品用不同的语言文字再现。翻译并不是机械的翻转,它需要巧妙地运用别种语言艺术,在不歪曲原作内容的前提下完整而准确地再现这一作品,因此包含了翻译者的创造性劳动。翻译需征得原作者的同意,同时注明原作品的名称和作者,并向原作者支付相应的报酬。

3. 注释

注释是指对已有作品中的词语、引文、出处等所做的说明,是一种讲解。注释一般是针对作品的疑难处而进行说明,目的在于使人们能够更准确、完整地理解作品。注释需要注释者去搜集资料,进行考证、推敲、理解吃透原作品,其中包含大量的创造性劳动。因此,对于注释部分,注释者应当享有著作权,但无权限制他人对同一作品进行新的注释。同时,注释他人的作品,应当取得著作权人的同意。

4. 整理

整理是指对已有作品进行条理化、系统化的加工。整理人对整理后形成的作品形式享有著作权,但对原作品不享有任何权利,因此,也无权制止他人对同一作品进行整理。

演绎作品的创作是以已有作品为基础,因此,演绎作品又称为派生作品。演绎作品的著作权人行使著作权时,不得侵犯原作品的著作权。演绎作品进行创作时,若原作品仍在法律保护期内,就必须征得原作的著作权主体的同意,并向其支付相应的报酬。第三人在使用演绎作品时,必须同时征得原作的著作权主体和演绎作品的著作权主体的同意。

(二)合作作品的著作权主体

两人以上共同创作的作品属于合作作品,著作权由合作者共同享有。而要成为合作作者,必须同时具备以下条件。

1.有共同的创作意图

合作作者之间应有共同创作某一作品的意思表示,例如,在文艺作品创作的过程中,不仅要求作者之间的思想认识和情感观点应当相似,还要求作者对于该作品的创作具有共同的创作意愿,并且有愿意相互合作的明确的意思表示。因此,基于共同的合作意愿,作者之间将自身的创作成果互相协调、衔接,达到整体的一致性,也可以此标准排除部分形式上为合作作品,事实上并不是《著作权法》意义上的合作作品。

2.参加了共同的创作劳动,且完成的作品达到《著作权法》要求的作品标准

不论分工如何,创作劳动必须具有创造性,一些简单的体力劳动,如抄写稿件、整理资料等,不能视为创作劳动。也就是说,合作作品的作者应是完成了作品的有机构成部分,如果只是在创作过程中进行了部分指导或专业咨询的人,不属于创作行为,不能作为合作作者。

但是,对于何种作品可以构成合作作品,人们的认识是不同的,反映在法律规定上也有所区别。一种观点认为创作者所完成的作品是完全有机地融为一体,无论是从整体还是局部,都无法将其中任何一个作者完成的成果从整体中分割出来的,才是合作作品;另一种观点则认为可以把每个作者创作的部分从整体中分割出来单独使用的作品,也应当认定为合作作品,如词曲作者共同为电视剧创作的主题曲。因此,在我国合作作品根据创作的形式不同,可分为可分割作品和不可分割作品。可分割作品是指合作作品的作者各自所创作的智力成果具有相对的独立性,分开后

仍能作为完整作品。这种情况下合作作者除了对合作作品具有共同的著作权外,各个作者还可对自己所创作的部分单独行使著作权。但是各人行使权利时,不能侵害合作作品的整体著作权。不可分割作品是指无法区分组成部分的权利归属的作品。合作作品不可以分割使用的,其著作权由各合作作者共同享有,通过协商一致行使;不能协商一致,又无正当理由的,任何一方不得阻止他方行使除转让以外的其他权利,但是所得收益应当合理分配给所有合作作者。

(三)汇编作品的著作权主体

汇编作品,是指通过对若干作品、作品片段或不构成作品的数据等进行编排而形成的新作品。汇编作品的著作权由汇编人享有,但行使著作权时,不得侵犯原作品的著作权。

汇编他人作品时,应当取得原作品著作权人的同意,并支付相应的报酬,不得侵犯原作品著作权人的合法权益。不过,为实施义务教育和国家教育规划而编写教科书,则可以不经过著作权人同意,但须指明原作的作者姓名、作品名称,并支付相应的报酬。但对于汇编作品的使用,第三人是否应当经原作品著作权人的许可,在学界有不同的观点。一种意见认为,被汇编后的作品是全新的作品,应当由汇编人独立享有著作权,被汇编作品的著作权人不对汇编作品享有权利。另一种意见认为,第三人在使用汇编作品时,需同时经汇编作品著作权人和被汇编作品著作权人的双重许可。

(四)委托作品的著作权主体

委托作品是指一方接受另一方的委托,按照委托合同规定的有关事项进行创作的作品,受托人在完成委托作品后,有权利按照委托合同约定取得报酬。因此,委托作品并非由委托人自己创作完成,受托人进行作品的创作也并非自发进行,而是基于委托人的委托,依据其具体要求履行合同义务。我国《著作权法》第十九条规定,受委托创作的作品,著作权的归属由委托人和受托人通过合同约定。合同未作明确约定或者没有订立合同的,著作权属于受托人。委托合同是民事主体之间所订立的民事合同,在不违背强制性法律规定的前提下,应遵循当事人意思自治原则,有约定的从其约定,作品著作权可约定归属于委托人也可约定归属于受委托人。

(五)职务作品的著作权主体

职务作品是指作者为了完成单位的工作任务而创作的作品。我国《著作权法》第十八条规定,自然人为完成法人或者非法人组织工作任务所创作的作品是职务作品,除本法规定的情形以外,著作权由作者享有,但法人或者非法人组织有权在其业务范围内优先使用。作品完成两年内,未经单位同意,作者不得许可第三人以与单位使用的相同方式使用该作品。

有下列情形之一的职务作品,作者享有署名权,著作权的其他权利由法人或者非法人组织享有,法人或者非法人组织可以给予作者奖励。

第一,主要是利用法人或者非法人组织的物质技术条件创作,并由法人或者非法人组织承担责任的工程设计图、产品设计图、地图、示意图、计算机软件等职务作品。

第二,报社、期刊社、通讯社、广播电台、电视台的工作人员创作的职务作品。

第三,法律、行政法规规定或者合同约定著作权由法人或者非法人组织享有的职务作品。

可见,我国关于职务作品的权利归属问题,原则上是作者享有著作权,单位享有优先使用权;特殊情况下,作者享有署名权,单位享有著作权中的其他权利。

(六)电影作品和以类似摄制电影的方法创作的作品的著作权主体

我国《著作权法》第十七条规定,视听作品中的电影作品、电视剧作品的著作权由制作者享有,但编剧、导演、摄影、作词、作曲等作者享有署名权,并有权按照与制作者签订的合同获得报酬。前述规定以外的视听作品的著作权归属由当事人约定;没有约定或者约定不明确的,由制作者享有,但作者享有署名权和获得报酬的权利。视听作品中的剧本、音乐等可以单独使用的作品的作者有权单独行使其著作权。因此,这类作品的著作权从整体上说属于制片人,导演只享有署名权。其他的如编剧、摄影师、作词者、作曲者也只是对自己创作的作品享有署名权和获取报酬的权利。此外,对于能够单独使用的作品,作者可以单独使用,无须征得制片人的同意。例如,将电影插曲由作曲者录制成磁带发行。

(七)美术作品的著作权主体

美术作品不仅指绘画作品,还包括书法、雕塑等。我国《著作权法》第二十条规定,作品原件所有权的转移,不改变作品著作权的归属,但美术、摄影作品原件的展览权由原件所有人享有。作者将未发表的美术、摄影作品的原件所有权转让给他人,受让人展览该原件不构成对作者发表权的侵犯。

我国《著作权法》所保护的是作品中作者具有独创性的表达,即思想或情感的表现形式,不包括作品中所反映的思想或情感本身。这里指的思想,包括对物质存在、客观事实、人类情感、思维方法的认识,是被描述、被表现的对象,属于主观范畴。思想者借助物质媒介,将构思诉诸形式表现出来,将意象转化为形象、将抽象转化为具体、将主观转化为客观、将无形转化为有形,为他人感知的过程即为创作,创作形成的有独创性的表达属于受《著作权法》保护的作品。

《著作权法》保护的表达不仅指文字、色彩、线条等符号的最终形式,当作品的内容被用于体现作者的思想、情感时,内容也属于受《著作权法》保护的表达,但创意、素材或公有领域的信息、创作形式、必要场景或表达唯一或有限则被排除在《著作权法》的保护范围之外。必要场景,指选择某一类主题进行创作时,不可避免而必须采取某些事件、角色、布局、场景,这种表现特定主题不可或缺的表达方式不受《著作权法》保护;表达唯一或有限,指一种思想只有唯一一种或有限的表达形式,这些表达视为思想,也不给予著作权保护。在判断作品是否构成实质相似时,应比较两部作品中对于思想和情感的表达,即两部作品表达中作者的取舍、选择、安排、设计是否相同或相似,而不是离开表达看思想、情感、创意、对象等其他方面。

第三节　著作权的客体

一、作品概述

（一）作品的概念

作品是指文学、艺术和科学领域内具有独创性并能以一定形式表现的智力成果，根据我国《著作权法》的规定，作品的概念包括以下四方面内容。

第一，作品是一种智力成果。作品是创作活动的产物，而创作是作者将其内在的思想和想法表达出来的过程，凡没有以某种客观形式表现出来的内心想法、构思、观念等，无法被他人感知，不能称为作品。《著作权法》只保护思想的表达，而不保护思想本身。

第二，作品发生在文学、艺术和科学领域内。工业、商业、农业等领域中的智力成果一般不能成为作品，而有可能成为商标权、专利权等知识产权的客体。

第三，作品具有独创性。天然美景、自动拍摄装置拍摄的照片等，无论多么美好，因为缺乏独创性，不能称为作品。

第四，作品能够被有形复制和再现。

其中，后两点即独创性和可复制性，是作品受《著作权法》保护的实质要件，两者缺一不可。

（二）作品的实质要件

1. 独创性

独创性是构成作品最重要的实质要件，是指作品是作者通过独立构思、独立运用创作技巧和方法创作完成的，不是或者基本不是作者直接复制、抄袭、剽窃、恶意模仿或篡改他人作品而产生的。正确理解"独创性"，应当从以下几个方面着手。

（1）独创性是一个相对的概念。《著作权法》鼓励创作者独立思考、独立创作,鼓励后人在前人成果的基础上再创作,同时打击不劳而获,例如,抄袭、剽窃等行为。据此,只要作者是独立创作完成,即使与他人在先创作的作品存在相似性或者近似性,只要这种差异能被客观地识别,就认为其作品具有《著作权法》上的独创性,应当获得《著作权法》的保护。换言之,在《著作权法》领域允许近似或者雷同。例如,多人对同一景物进行拍照,虽然照片具有很高的相似性,但是每一张照片都由拍摄者独立完成,都具有《著作权法》上的独创性,能够单独获得《著作权法》保护。

(2)独创性与作品的学术性、艺术性无关。学术性或者艺术性是对作品内容和质量的评价,其标准比较主观。而独创性是对作者创作过程的判断,与作品的内容没有必然关系,只关注作者是否独立思考、独立创作,与作品的学术性和艺术性相比,其判断标准相对客观、统一。作品要获得著作权保护,必须符合独创性条件,但不必具备较高的学术性、艺术性。即使作品没有学术或艺术价值,也同样可以获得《著作权法》的保护。《著作权法》之所以作出此种规定,是为了最大限度地鼓励创作。因为一部作品的学术性、艺术性如何,评价比较主观,不仅因不同的判断者而异,也会随着时间、地点的不同而有变化。将此主观因素作为认定一部作品是否受著作权保护的条件,难免出现不公平、不合理的结果,也会导致作者为了迎合某种特定的学术和艺术观点而纷纷创作出类似的作品,最终不利于促进文化和社会的多元化发展。

(3)《著作权法》中的独创性要求与《专利法》中的新颖性要求不同。《专利法》中的新颖性要求获得专利保护的发明创造是发明者创新的,与现在已有的技术不同,在此之前社会公共领域中并不存在该技术。而《著作权法》中的独创性更多是考虑创作的过程,该作品是否作者独立思考、独立创作,有无抄袭、剽窃他人的成果,至于该创作的结果,即作品是否与其他作品相似甚至相同,并不作要求。从某种角度说,《著作权法》要求作品是作者独创的,《专利法》则要求发明创造是发明人新创的,前者不必是首创,后者则基本是首创。

2.可复制性

可复制性是指作品能够以某种有形形式展现出来并进行复制。这是作品受著作权保护的必要性之所在。如果某部作品只存在于作者的头脑中，未以某种有形形式展现出来，例如，作者并未说出或者写出其内容，则他人无从了解，更不可能盗用、抄袭，对该作品就没有保护的现实必要。与此同时，这样一部他人无从了解的作品，只能由作者自我欣赏、自我满足，无法给社会公众带来任何裨益，该作品也就没有保护的价值。据此，作品要受到《著作权法》的保护，在独创性之外，还需具备可复制性。

早期，作品的展现和复制方法往往较为原始，例如，写在纸张上，用复印机复印；通过口头表述出来并用录音机录音，再用录音机翻录。此时，展现和复制的方式多数是有形的。而现在，随着互联网技术的发展，作品的数字化已经非常普遍，作品的无形展现和复制也越来越常见，越来越重要。

(三)思想表达二分法

1.思想表达二分法的含义

思想表达二分法是《著作权法》的一项基本理论，其核心内容包括两层含义。

(1)一部作品要获得《著作权法》保护，该作品中的思想不必是作者独创的，但作品对该思想的表达应当具备独创性。据此，不同的作者可以各自对同一思想进行创作，以自己独创性的表达来展现该思想。

(2)《著作权法》保护作品，仅保护作者对作品思想的具体表达，不保护思想本身。据此，第三人可以自由使用受保护作品中的思想，但是作者对作品的表达享有专有的权利，第三人未经许可不得擅自使用。

2.思想和表达的划分

思想表达二分法适用的关键在于准确划分作品中的思想和表达。对此，相关立法中没有作出明确规定，学界中则主要以列举的方式对两者进行界定。例如，有学者提出，思想是指概念、术语、原则、客观事实、创意、发现等；表述则是指对于上述思想的各种形式或方式的表达。另有学者表示,思想是指主题、题材、事实和素材等;表达则包括符号、结构等。

二、受《著作权法》保护的作品类型

我国《著作权法》规定的作品类型包括:文字作品;口述作品;音乐、戏剧、曲艺、舞蹈、杂技艺术作品;美术、建筑作品;摄影作品;视听作品;工程设计图、产品设计图、地图、示意图等图形作品和模型作品;计算机软件;符合作品特征的其他智力成果。

(一)文字作品

我国《著作权法》中的文字作品是指小说、诗词、散文、论文等以文字形式表现的作品。这是最常见的一类作品,也是最重要的作品类型。换言之,在我国,对文字作品的界定,依据的是用来表现作品内容的符号形式,将以文字作为符号展现思想的作品作为文字作品,区别于以音符作为符号的音乐作品和以线条、颜色作为符号的美术作品。

从"文字作品"一词的来源来看,该词是我国学者从英文"literary works"翻译而来的,"literary works"在 TRIPs 协议和英美国家的版权法中都是指文学作品,与艺术作品相区别。文学作品和艺术作品的划分是以作品的实质内容为依据的。其中,文学作品的内涵十分丰富,外延也十分广泛,是一个发展的、开放的概念。例如,在某些国家的版权法中,文学作品包括生活中的散文、诗歌、小说等文学作品,也包括以其他文字、数字、符号、磁盘、软件或者标记等形式表达的作品。

因此,将 literary works(文学作品)误译为文字作品,带来的最大后果是限缩了该词原本的含义,使其外延大幅度减小。例如,这导致许多学者仅将以文字形式表现的作品作为文字作品,把以其他符号创作的作品排除在外,从而将计算机软件作为与文字作品不同的一种类型进行区别对待。

(二)口述作品

口述作品是指以口头语言形式创作和表达的,未以任何物质载体固定的作品,例如,即兴的演说、授课、法庭辩论等。换言之,口述作品要求是即兴的,即口头作品并不是事先写好之后又经口头表达出来的,而是在预先没有准备的情况下,由口述者临时、现场创作的。

(三)音乐、戏剧、曲艺、舞蹈、杂技艺术作品

1. 音乐作品

音乐作品是指歌曲、交响乐等能够演唱或者演奏的带词或者不带词的作品,其基本表现手段为旋律和节奏,如交响乐、歌曲等。音乐作品大都是以乐谱的形式表现的,但不限于此,例如,有些音乐作品中融入了诸如自然界中的声音等元素,这部分就只能以录音的形式表现。

2. 戏剧作品

戏剧作品是指话剧、歌剧、地方戏等供舞台演出的作品。与文学作品不同的是,戏剧作品不是单指描述对话、独白等的剧本,而是包括文学作品、音乐作品在内的综合艺术,其中的文学作品和音乐作品不能单独存在,而是作为戏剧作品的一部分。另外,戏剧作品演员的舞台表演不属于戏剧作品,不享有著作权,而是由邻接权保护。

3. 曲艺作品

曲艺作品是指相声、快书、大鼓、评书等以说唱为主要形式表演的作品。曲艺作品是我国《著作权法》特有的规定,其他国家的版权法中很少涉及,其说唱艺术简单,形式灵活多样。有的曲艺作品有了文字脚本,事实上形成了文学作品;有的曲艺作品没有文字脚本,是由表演者口头形式表现出来的。之所以单独规定曲艺作品,是因为该作品是为演出而创作的。曲艺作品的作者享有著作权,但是曲艺作品的表演者的相关权利适用邻接权保护。

4. 舞蹈作品

舞蹈作品是指通过连续的动作、姿势、表情等表现思想情感的作品。舞蹈作品包括哑剧表演和普通的舞蹈表演。和音乐作品、戏剧作品、曲艺作品一样,舞蹈作品并不是指舞蹈演员的现场舞蹈表演,而是指创作者以文字、图形、符号等元素形成的舞谱,对舞蹈动作进行设计,或者利用其他形式固定下来。舞蹈作品的作者对其舞谱享有著作权,舞蹈演员对其表

演的利益则以邻接权进行保护。

5.杂技艺术作品

杂技艺术作品是指杂技、魔术、马戏等通过形体动作和技巧表现的作品。杂技艺术是一种表演艺术形式,杂技艺术作品针对的是符合独创性要求且具有艺术性的动作设计部分。那些仅仅体现某种技巧而不具有独创性及艺术性的杂技动作设计,不能称为杂技艺术作品。

(四)美术、建筑作品

1.美术作品

美术作品是指绘画、书法、雕塑等以线条、色彩或者其他方式构成的有审美意义的平面或者立体的造型艺术作品。此处的审美意义是个泛泛的概念,不表示美术作品必须具有多高的艺术水准和审美价值,因为这些都太过主观,不仅不同观众有不同的评价,而且随着时间的推移、新的艺术流派的产生,评价也会出现较大改变。例如,一些后现代艺术的作品不仅在创作初期饱受质疑,即使到现在,社会对它们的评价也是褒贬不一。但是,我们不能以此就否定其属于美术作品。

美术作品可以分为纯美术作品和实用美术作品。纯美术作品是我们通常理解的美术作品,例如,国画、油画、版画、书法等,它们侧重于作品的审美价值,基本只作欣赏使用。实用美术作品则在欣赏其美感的同时,强调作品的生产或生活的实用目的,例如,使用艺术图案的地毯,以及采用艺术造型的矮凳、台灯等。

2.建筑作品

建筑作品是指以建筑物或者构筑物形式表现的有审美意义的作品。并非任何建筑物都可称为建筑作品,要构成建筑作品,必须具有独创性,如国家大剧院、东方明珠电视塔等。对于建筑作品,《著作权法》保护的是建筑物整体的艺术性设计,因此建筑物的外观或空间布局应当具有审美意义,给人以美的感受。此外,建筑作品不包括建筑设计图、建筑物模型,后者属于独立的作品类型。建筑物的构成材料和建筑方法也不受《著作权法》保护,部分可以适用《专利法》获得保护。

（五）摄影作品

摄影作品是指借助器械在感光材料或者其他介质上记录客观物体形象的艺术作品。摄影作品的创作是通过画面构图、光线、色调、角度等造型手段，选取事物的最佳瞬间和最佳角度进行拍摄，因此，摄影作品既应具有形式美的艺术形象，又表现一定的思想内涵。在外在表现形式上，摄影作品是以照片的形式体现出来的，可以说，摄影作品是照片，但是并非所有的照片都可以称为摄影作品。那些在拍摄过程中和拍摄之后的处理阶段均未体现出拍摄者的独创性的照片，例如，证件照、文件翻拍等都不能作为摄影作品获得著作权保护。

（六）电影作品和以类似摄制电影的方法创作的作品

电影作品和以类似摄制电影的方法创作的作品，俗称为影视作品，是指摄制在一定介质上，由一系列有伴音或者无伴音的画面组成，并且借助适当的装置放映或者以其他方式传播的作品。其中，电影作品是指为了便于播放而摄制在感光胶片上的配音或不配音的连续画面的影像作品。这是最具影响力的作品类型之一。其他运用类似摄制电影的方法创作的作品，是指利用光、电、磁等记录、传送和接收装置，使用类似摄制电影手法将系列的图像和声音组合制成的各类影像作品，例如，MTV、MV、各种视频等，都属于新型的"视听作品"。

电影作品和以类似摄制电影的方法创作的作品，特指经拍摄完成的完整影片，而不是拍摄完成之前的任何阶段性成果，例如，剧本等。此外，只用录像机或者录音机对现场表演、会议报告、教师讲课、歌舞表演等进行录制而制成的录像制品、录音制品，按现行《著作权法》规定，也不属于影视作品，其录制者只享有邻接权，而非著作权。

（七）工程设计图、产品设计图、地图、示意图等图形作品和模型作品

1. 图形作品

图形作品是指为施工、生产绘制的工程设计图、产品设计图，以及反映地理现象、说明事物原理或者结构的地图、示意图等作品。图形作品与

平面美术作品都是以线条、颜色等符号表现具体内容,但是两者存在较大的区别。其一,平面美术作品可以是写实的,如人物肖像画,也可以是虚构的,如想象中的风景画;而图形作品必须是写实的,是为了施工、生产或者反映地理现象、说明事物原理或者结构而如实展现事物的空间位置与结构。其二,平面美术作品应当具有一定的审美意义,各种线条毫无意义、毫无章法的堆放不构成平面美术作品,如婴儿随手画的涂鸦;而图形作品只考虑实用性,不考虑审美问题。

2.模型作品

模型作品是指为展示、试验或者观测等用途,根据物体的形状和结构,按照一定比例制成的立体作品,如建筑模型、飞机模型、产品模型等。与图形作品和平面美术作品具有一定的相似性一样,模型作品和雕塑作品也具有一定的相似性。同样地,模型作品是为了展示、试验、观测等实用用途,而不要求审美意义。

(八)计算机软件

计算机软件是指计算机程序及其有关文档。其中,计算机程序是指为了得到某种结果而可以由计算机等具有信息处理能力的装置执行的代码化指令序列,或者可以被自动转换成代码化指令序列的符号化指令序列或者符号化语句序列。同一计算机程序的源程序和目标程序为同一作品。文档是指用来描述程序的内容、组成、设计、功能规格、开发情况、测试结果及使用方法的文字资料和图表等,如程序设计说明书、流程图、用户手册等。

(九)符合作品特征的其他智力成果

这是作品分类的兜底性规定,考虑到社会的发展、新型作品类型的不断出现,定型化的作品分类具有一定缺陷。文学、艺术和科学领域内新出现的具有独创性的智力成果,具有作品的实质要件,即使没有列入上述具体的作品类型分类中,也同样获得《著作权法》的保护。如此,网页作品、民间文学艺术作品都可以纳入著作权的保护范畴。

三、不受《著作权法》保护的对象

(一)官方正式文件

官方正式文件,是指法律法规,国家机关的决议、决定、命令和其他具有立法、行政、司法性质的文件,及其官方正式译文。从外在表现来看,这些官方文件和译文符合作品的形式要件,具有独创性和可复制性,属于作品的范畴。但是,由于它们是国家立法机关、行政机关和司法机关意志的体现,与国家政治、经济、文化等活动密切相关,涉及社会公共利益,属于社会的公共资源,应当尽快将这些文件予以传播,方便公众的认识和利用。因此,立法不宜将之纳入《著作权法》保护的客体范畴,使其成为某个体独占性使用的对象。我国的这项态度与世界惯例一致。从世界范围来看,各个国家和地区普遍坚持不由某个人对官方正式文件享有垄断性的著作权的态度,但其具体做法不尽相同。有的国家与我国立法相似,但也有个别国家将其界定为"政府作品",并将其著作权归属于政府机关。

此外,应当注意的是,对于这些立法、行政、司法性质的文件,仅其"官方正式译文"不受《著作权法》保护。如果是官方以外的其他单位或个人对法律法规等进行翻译,则他们对翻译作品仍享有著作权。

(二)单纯事实消息

具体而言,单纯事实消息,是指只报道一件事情的发生的过程、时间、地点和人物,不表示报道人的观点的消息,传播单纯事实消息可采用报纸、刊物、电视、广播等大众传播媒介传播,其手段可以是文字,也可以是照片等。一方面,单纯事实消息往往只是单纯反映一定客观事实的存在,对事件或事实的发生、发展和过程进行真实和客观的展现与披露,其中不夹杂报道者个人的主观分析和评价,没有报道者的创造性内容,很难说其符合独创性要求。另一方面,单纯事实消息的目的在于传播社会新闻,最快、最大范围让公众了解社会的发展状态。因此,时事新闻不应成为著作权保护的客体,受到个别单位和个人的垄断,而应当允许公众传播并转发。不过,为尊重报道者的劳动,依据我国《最高人民法院关于审理著作权民事纠纷案件适用法律若干问题的解释》的相关规定,传播报道他人采编的时事新闻时,应当注明出处。

应当注意,以时事新闻为依据创作的新闻作品属于著作权保护的客体。例如,报道者对采编的新闻素材进行了加工和再创作,添加了自己的综述、个人分析和判断等内容,专业的新闻评论员在政策导向下以新闻事实为基础进行有针对性的阐述、评价,都付出了创造性的劳动。此时,他们的新闻作品已不再是单纯的事实消息,应当受《著作权法》保护。如果其他单位和个人要进行转载,必须经过著作权人同意,一般情况下,还需要向权利人支付报酬。

(三)历法、通用数表、通用表格和公式

历法是指人们通常计算年月日的具体方法,有公历或农历之分,在我国还包括个别少数民族的纪年方法,它们已被公认具有科学依据,能够准确地计算和表示时间和节气,例如,万年历。

通用数表一般是指依据数字、符号等要素,反映一定必然关系的图表,它们是人们普遍运用的工作、生活工具,例如,元素周期表、函数表等。

通用表格是指普遍适用的,为特定使用目的而绘制的填写文字或数字的表格,例如,通用发票、通用会计账册表格等。

通用公式是指已经被普遍认可的用数字、符号表示数量关系的等式,例如,各种数学、物理、化学计算公式等。

历法、通用数表、通用表格和公式,通常是对事物客观规律的揭示,是人类的共同财富,不应为任何人专有利用,因此不能适用《著作权法》保护。

除此之外,文字是传承和记录文化的符号,也是人类共同的财富,不应为个别主体所垄断和独占。因此,单独的文字不能成为《著作权法》保护的对象。但是,对字体进行加工,书写成美术字,或者建立成一个数据库,美术字和数据库将成为《著作权法》保护的客体。

第四节　著作权的内容

著作权的内容是《著作权法》中最为重要的部分,是指著作权人所享有的所有专有权利。我国《著作权法》规定著作权的内容包括人身权和财产权两部分。

一、人身权

人身权,又称精神权利,是作者基于作品依法享有的与人身相联系或密不可分的却与财产无直接关系的权利内容。只有作者才能享有,他人不可剥夺、转让和限制,永远受到保护,无时间限制。

我国《著作权法》规定了作者享有发表权、署名权、修改权和保护作品完整权4项人身权。

(一)发表权

发表权是指作者将作品公之于众的权利。发表权明确了只有作者本人才能决定是否将自己的思想公之于世。

发表权包括:决定发表作品的权利;决定不发表作品的权利;选择发表方式的权利;选择发表时间的权利。

发表权具有如下特点。

第一,发表权只能行使一次。一旦将作品公之于众,发表权也就用尽了。

第二,发表权通常要和著作财产权的任何一种权利一起行使。

第三,发表权不能转让。发表权专属于作者,不可转移,也不能继承。

第四,行使发表权时不得侵犯他人利益。

(二)署名权

署名权是表明自己的身份,在自己创作的作品上署名的权利。如果没有相反证明,那么在作品上署名的人就是作者,无论署的是真名、笔名、假名。作者也可以选择暂时不署名。作者也有权同意或禁止未参加创作的人在自己作品上署名。如果作者在发表的作品上署名,则他人在以出版、广播、表演、翻译、改编等任何方式使用该作品时,都应当说明作者姓名,否则便构成侵权。

(三)修改权

修改权是指修改或者授权他人修改其作品的权利。所谓"修改",是对作品内容作局部的变更以及文字、用语的修正。修改既可以在作品发表前进行,也可在作品发表以后进行。

修改权通常由作者自己行使,作者也可以授权他人修改自己的作品。未经作者授权许可的修改行为,属侵权行为。

修改权的行使在实际中受到一定限制。

(1)文字性的修改。如编辑对作品中存在的错漏、笔误、语病等进行的修改,可以不经过作者的同意,直接修改。

(2)基于物权的对抗效力,修改权受到限制。建筑作品竣工后或美术作品原件所有权转移后,作者修改权的行使需经过建筑物所有人或美术作品原件所有人同意,方可进行。

(四)保护作品完整权

保护作品完整权,是指保护作品不受歪曲、篡改的权利。因为作品是作者精神创造的产物,是作者的思想、情感和精神的结晶,如果作者的作品被他人歪曲和篡改,必然会破坏作品的完整性,损害作者体现在作品中的感情和人格。

保护作品完整权,包括保护作品的内容、表现形式和作品形象的完整。保护作品内容的完整,要求他人在使用作品时,不得作歪曲性、贬损性的使用,不得断章取义、篡改作者的思想观点;保护作品表现形式的完整,是指作者有权禁止他人剽窃、割裂文章,以维护文章形式的和谐统一;保护作品形象的完整,是指他人在评价作品时,不得随意吹捧或者贬损作品形象,以保护作品的社会评价水平不受伤害、不被降低。

二、财产权

财产权,是指作者享有的基于作品的使用而获得报酬的权利,是作者所享有的财产权利。英美法系国家、大陆法系国家,都十分重视对财产权利的保护和利用。一定意义上,著作财产权利是著作人身权的支撑和基础。只有作者才能利用作品并获得经济利益,他人使用有关作品必须经过作者许可授权,并支付相应的费用。这种排他性的财产权利和由此产生的经济利益,是对作者创作活动的激励。

我国《著作权法》共规定了 13 种财产权利,权利人可以通过转让或者许可他人使用等方式来获得经济利益。

(一)复制权

复制权是著作财产权中最常用、最核心的权利。我国《著作权法》将复制权定义为以印刷、复印、拓印、录音、录像、翻录、翻拍、数字化等方式将作品制作一份或者多份的权利。

要构成《著作权法》上的"复制行为",须满足以下两个要件。

第一,该行为应当在有形物质载体之上再现作品。

第二,该行为应当使作品被相对稳定和持久地"固定"在有形物质载体之上,形成作品的有形复制件。

(二)发行权

发行权即以出售或者赠予方式向公众提供作品的原件或者复制件的权利,实际上由复制权派生而来。通常而言,发行是复制的结果,在出版行业,发行构成了复制的目的。

在《著作权法》中,发行的形式十分广泛,既包括图书、美术作品、视听作品、录音录像制品等的有偿销售发行,还包括赠阅等无偿的发行行为。美国版权法中甚至把出租、租借和借阅纳入发行的范畴。

构成《著作权法》意义上的发行行为,应当符合以下条件。

第一,该行为应当是公开行为,即面向"公众"提供作品的原件或复印件,非公开地提供作品原件或复制件不构成发行。

第二,该行为必然导致公众获得作品原件或有形复印件。因此,像公开朗诵诗歌、展览油画等并非发行行为。

发行权可以给著作权人带来经济利益,但不是无限制的,德国、美国、奥地利等国家都规定"发行权的一次用尽原则",我国事实上也承认该原则。"发行权的一次用尽原则",意味着著作权人将作品的原件或复制件提供给公众后,著作权人便失去了对这些原件或复制品的控制权,他人可以再次出售,而不构成对著作权人的侵权。

(三)出租权

出租权,有偿许可他人临时使用视听作品、计算机软件的权利,计算机不是出租的主要标的的除外。除此之外,按照《著作权法》第四十四条的规定,录音录像制作者对其制作的录音录像制品,享有许可他人复制、发行、出租、通过信息网络向公众传播并获得报酬的权利。

(四)展览权

展览权,又称公开展览权或展示权,是指公开陈列展示美术作品、摄影作品的原件或者复制件的权利。在我国,展览权仅适用于美术作品和摄影作品。展览既包括在美术馆等专业场所进行的展览,也包括在其他公开场合进行的展示。展览的形式不仅有直接展示,还包括以电视、幻灯以及网络形式的展示。

需要注意的是,我国对著作权有一些限制,如《著作权法》规定,作品原件所有权的转移,不改变作品著作权的归属,但美术、摄影作品原件的展览权由原件所有人享有。这是对展览权规定的一个重要例外。另外,关于人像的绘画、雕塑和摄影,如果涉及第三人的肖像,著作权人或原件所有人行使展览权时,应得到该第三人的许可。

(五)表演权

表演权是指公开表演作品,以及用各种手段公开播送作品的表演的权利。表演权可分为现场表演(舞台表演)和机械表演两种形式。现场表演(舞台表演)包括现场朗诵诗歌、演奏音乐、戏剧演出、表演舞蹈、曲艺表演等。机械表演是指借助机器设备录制舞台表演,并将其公开传播的行为。

表演权主要包含以下3项内容。

第一,授权他人在现场表演其作品,即上演、演奏其作品,这是指演员、演唱者亲自在现场公开表演。

第二,授权他人以任何手段或方法公开表演,包括通过录音录像制品进行表演。

第三,授权他人向公众播送表演。即以广播或电视方式传播之外的其他所有的公开传送方式。

(六)放映权

放映权是指通过放映机、幻灯机等技术设备公开再现美术、摄影、视听作品等的权利。所谓的公开再现,是指面向公众的放映,不管盈利与否,都属于著作权人的放映权范围之内。放映权的设立意味着公开播放电影、电视等视听作品的行为必须经过著作权人的授权许可并支付相应的报酬。

放映权在国外一般属于机械表演权,并没有单列。

(七)广播权

广播权是指以有线或者无线方式公开广播或者传播作品,以及通过扩音器或者其他传送符号、声音、图像的类似工具向公众传播广播的作品的权利。

广播权主要包括 3 个层次的内容。

第一,授权广播其作品(或以任何其他无线传送符号、声音或图像等向公众传播其作品)。

第二,许可由原广播机构以外的其他广播机构,以有线方式转播前述广播的作品。

第三,许可通过扩音器(或其他传送符号、声音、图像的类似工具)传播前述广播的作品。

在具体操作中,未发表的作品,广播电台、电视台播放时必须获得作者授权,而对于已发表的作品,广播电台、电视台播放时可以不经著作权人许可,但应当支付报酬。

(八)信息网络传播权

信息网络传播权是指以有线或无线的方式向公众提供作品,使公众可以在其选定的时间和地点获得作品的权利。

科学技术的进步促进了文化艺术的发展,但也给著作权的保护提出了很多新的挑战。

对于信息网络传播权,有以下内容需要注意。

第一,网络既包括互联网这一网络媒介,也包括电话网络等以电子技术为基础的网络。

第二,信息的接收者是不特定的公众,而不是特定的个人或团体。

第三,网络的方式可使公众自由选择获得作品的时间和地点。

(九)摄制权

摄制权是指以摄制视听作品的方法将作品固定在载体上的权利。著作权人自己可以行使该权利,但实践中通常是授权他人来使用。最常见的是将小说拍成电影、电视剧。

视听作品完成后,制片人对视听作品享有单独的著作权,而原作品的著作权人对原作品仍享有单独的著作权。

在具体操作过程中,根据《著作权法实施条例》的规定,著作权人许可他人将其作品摄制成电影作品或以类似摄制电影的方法创作的作品的,视为已同意对其作品进行必要的改动,但是这种改动不得歪曲篡改原作品。

(十)改编权

改编权是指改编原作品,创作出具有独创性的新作品的权利。改编是一种再创作,故又称为二度创作。改编者对作品进行再度创作并赋予新的形式,对新的作品享有著作权。需要注意的是,根据改编作品进行第二次改编的,需要得到原作品著作权人和第一次改编作品作者的许可,否则不能公开使用。

(十一)翻译权

翻译权是将作品从一种语言文字转换成另一种语言文字的权利。这是一种著作权人对自己的作品享有的以其他各种语言文字形式再表现的权利,包括禁止他人未经许可而实施上述行为的权利。翻译人对其新的表现形式享有著作权。中外文的互译都属于翻译行为,而由普通话译成中国某地区的方言或将方言译成普通话不属于翻译,因为它们在书面上都用汉字。

(十二)汇编权

汇编权是指将作品或者作品的片段通过选择或者编排汇集成新作品的权利。并非所有汇编都能形成新作品,只有其内容的选择或者编排具有独创性而构成智力创作,才能享受著作权的保护。需要注意的是如果被汇编的作品或者作品片段是他人享有著作权的,应当得到著作权人的许可。

(十三)应当由著作权人享有的其他权利

随着网络科技的高速发展,作品使用方式不断更新,作品的权利类型也会相应发生变化。考虑到新技术环境下新的作品表现形式及新的作品利用方式不断出现,为全面保护著作权人的利益,同时维持《著作权法》的相对稳定性,《著作权法》第十条第十七项特别规定了,应当由著作权人享有的其他权利都能受到《著作权法》保护。

三、著作权的保护期限

(一)著作权的取得时间

我国实行著作权自动取得制度。我国的公民、法人或者其他组织的作品,自创作完成便取得著作权。对此,《著作权法实施条例》规定,著作权自作品创作完成之日起产生。著作权人不必另行实施发表行为,也不必向国家版权局进行著作权登记,更不必像专利、商标一样经有关机构审查核准。实践中,有些著作权人就其作品向国家版权局进行著作权登记,但这只是起到一种证据证明的作用,著作权人取得著作权的时间仍是作品完成的时间,而非著作权登记的日期。

需要说明的是,作品创作完成的时间不是指整部作品最终定稿、交付发表或者使用的时间。在作品创作的每一个阶段,已经完成的部分都可以享有著作权。例如,网络连载小说往往是边创作边刊载,其中每一章节创作完成,作者对该章节便取得著作权,而不必等到整部小说全部创作完毕。

(二)著作权的保护期限

我国《著作权法》采用著作权二元论,著作人身权和著作财产权不仅具有不同的权利属性,在著作权保护期限上也完全不同。

1.著作人身权的保护期限

(1)署名权、修改权、保护作品完整权的保护期限

著作人身权具有人身权属性,不得转让、不得继承,保护期也不受限制。据此,署名权、修改权和保护作品完整权具有永久性,不随作者的死亡而消灭。作者死亡后,其署名权、修改权和保护作品完整权由作者的继承人或者受遗赠人保护。著作权人无人继承又无人受遗赠的,其署名权、修改权和保护作品完整权由著作权行政管理部门保护。换言之,署名权、修改权和保护作品完整权的权利人永远是作者,作者逝去之前,由作者亲自行使权利;作者死亡后,依据不同情况由其继承人或者受遗赠人或者著作权行政管理部门来保护,但是他们并非权利人,只是权利的法定保护者。

(2)发表权的保护期限

发表权比较特殊,它虽然在性质上属于著作人身权,但是在保护期限上却与著作财产权保持一致,适用著作财产权的各项规定。原因是发表权和著作财产权密切相关,亦即,发表权无法脱离著作财产权而单独行使,行使发表权必然同时行使了某一项著作财产权。如果根据发表权的人身权属性也规定发表权具有永久性,则受其约束,著作财产权的时间限制便没有了实际意义。这意味着,对作者不发表的作品,将永远不得行使任何著作财产权,换言之,公众永远无法传播和利用该作品。显然,这与《著作权法》律制度的立法宗旨相悖。

为使未发表作品的使用成为可能,我国《著作权法》对发表权设定与著作财产权相同的保护期限。具体而言,公民的作品以及一般职务作品,其发表权的保护期为作者终生及其死亡后五十年。如果作者生前未发表

作品,作者又未明确表示不发表,则在作者死亡后的五十年内,其发表权可由继承人或者受遗赠人行使,没有继承人又无人受遗赠的,由作品原件的所有人行使。在作者死亡五十年之后,发表权消灭,任何人都可以使作品公之于众。

法人或者其他组织的作品以及特殊职务作品,其发表权的保护期为五十年,作品自创作完成后五十年内未发表的,不再受保护,任何人都可以公开其作品内容。电影作品和以类似摄制电影的方法创作的作品、摄影作品,其发表权的规定与之相同。

2.著作财产权的保护期限

根据权利主体和作品类型的不同,著作财产权的保护期限有不同规定。

(1)公民作品、一般职务作品

公民作品和一般职务作品的著作权归属于自然人,因此,著作财产权的保护期限与自然人的生死密切相关。著作财产权的保护期为作者终生及其死亡后五十年,截止于作者死亡后第五十年的 12 月 31 日。如果是合作作品,则截止于最后死亡的作者死亡后第五十年的 12 月 31 日。换言之,著作权归属于自然人的作品,其著作财产权的实际保护时间长短不一,取决于作者创作完成作品后生存了多少年,但是其截止日期均相同。

(2)法人或者其他组织的作品、特殊职务作品

法人或者其他组织的作品、除署名权外的著作权由法人或者其他组织享有的职务作品(即特殊职务作品),著作财产权的保护期为五十年,截止于作品首次发表后第五十年的 12 月 31 日。但是作品自创作完成后五十年内未发表的,则在此五十年期限届满后,不再受《著作权法》保护。

与著作权归属于自然人的作品不同,这两类作品的著作权归属于单位,而单位不存在生死问题,因此,这两类作品的保护期限不能从作者死亡开始计算。通常情形下,我国《著作权法》以作品首次发表的时间开始计算五十年,而若作品创作完成后五十年内未发表的,则以创作完成的时间计算五十年。据此,未发表作品的实际保护期限通常短于发表作品。

此种规定有利于促进作品公之于众，并进而推动作品的传播和利用。

（3）电影作品和以类似摄制电影的方法创作的作品、摄影作品

电影作品和以类似摄制电影的方法创作的作品、摄影作品，其著作财产权的保护期适用和法人或者其他组织的作品、特殊职务作品一样的规则。这两种特殊类型的作品，著作财产权的保护期为五十年，截止于作品首次发表后第五十年的 12 月 31 日。但是，作品自创作完成后五十年内未发表的，则在此五十年期限届满后，不再受《著作权法》保护。

需要注意的是，影视作品的著作财产权保护期限中存在一个特殊问题，即影视作品本身和影视作品中可以单独使用的剧本、音乐等，其著作财产权的保护期限应当各自分别计算。实践中，剧本、音乐通常都是自然人创作的公民作品，因此适用作者终生及其死亡后五十年的保护期限，与影视作品的著作财产权终止时间不同。

（4）匿名作品

作者身份不明的作品，其著作财产权的保护期截止于作品首次发表后第五十年的 12 月 31 日。作者身份确定后，适用前述几项规则。据此，匿名作品，在其作者身份未确定时，著作财产权的保护期从作品首次发表开始计算五十年；当作者身份确定后，再根据其是公民作品还是法人或者其他组织的作品，或者作品是否属于影视作品和摄影作品，来分别适用不同的保护期限计算方式。

第五节　邻接权

一、邻接权的概念

邻接权，原意是指相邻、相近或者相联系的权利，在《著作权法》上是对表演艺术家、录音制品的制作人和广播电视组织所享有权利的称谓。邻接权是指与著作权有关的权利，即作品传播者所享有的专有权利。它包括表演者权、录音录像制作者权、广播组织权。这种权利是以他人的创

作为基础而衍生的一种传播权,虽其不同于著作权,但与之相关,故称邻接权。

二、邻接权与著作权的关系

邻接权与著作权的关系密切,两者既有联系,又有区别。

(一)邻接权与著作权的联系

1.两者都与作品相联系

著作权与作品存在直接联系,作品的创作是著作权产生的前提。邻接权则与作品存在间接联系。表演者表演的对象是作品,录制者是对作品表演的录制,广播组织者是对作品表演的广播。脱离了作品,这些邻接权就会荡然无存。

2.两者都具有严格的地域性

著作权与邻接权都只有在法律承认这些权利的国家中才受到保护。

3.两者都是法律规定的权利

著作权与邻接权的主体、客体及内容均来自法律的直接规定。

(二)邻接权与著作权的区别

1.两者主体不同

著作权的主体多是自然人作者,即作品的创作者或依法取得著作权的人。邻接权的主体通常是法人,即以表演、录音录像或广播等方式帮助作者传播作品的人。

2.两者客体不同

著作权的客体是具有独创性的文学艺术作品。邻接权的客体是在传播作品过程中产生的成果。

3.两者权利内容不同

著作权的内容包括人身权和财产权。著作权人享有发表权、署名权、修改权、保护作品完整权、使用权和获得报酬权等。邻接权除表演者的权利外,一般不具备人身权的内容。

4.两者保护期限不同

著作权作者的署名权、修改权、保护作品完整权的保护期不受限制。公民的作品,其发表权、使用权和获得报酬权等权利的保护期为作者终身及其死后五十年。在法人或者非法人单位的作品中,著作权(署名权除外)由法人或其他组织享有的职务作品,其发表权、使用权和获得报酬权等权利的保护期为五十年。影视作品等作品的发表权、使用权和获得报酬权的保护为五十年。邻接权的保护期从表演发生后、录音录像制品首次制作完成时起计算,享受为期五十年的保护。

三、邻接权的种类

(一)表演者权

1.表演者的定义

表演者,是指演员、歌唱家、音乐家、舞蹈家或表演、演唱、演讲、朗诵、演奏文学艺术作品以及指挥这种表演的人。严格地讲,表演是一种在已有作品的基础上进行再创作的行为。表演与其说是传播,不如说是演绎创作。

2.表演者的义务

表演者在使用他人作品时,应履行一定的义务,具体包括以下情形。

(1)表演者使用他人作品演出的,应当取得著作权人许可,并支付报酬;演出组织者组织演出的,应当由该组织者取得著作权人许可,并支付报酬。

(2)表演者使用改编、翻译、注释、整理已有作品而产生的作品进行演出的,应当取得改编、翻译、注释、整理作品的著作权人和原作品的著作权人许可,并支付报酬。

(3)表演者依照《著作权法》使用他人作品的,不得侵犯作者的署名权、修改权、保护作品完整权和获得报酬的权利。

3.表演者的权利

表演者对其表演享有下列权利。

（1）表演者的人身权利

①表明表演者身份。表演者对其表演所享有的表明其姓名的权利，类似于著作权人所享有的署名权。

②保护表演形象不受歪曲。表演形象是指表演者所表现的艺术作品中的人物形象，不同于表演者的本来形象。前者是著作邻接权，即表演者权的问题；后者属于表演者的个人肖像权问题。前者由《著作权法》加以保护，后者则是民法的保护对象。

（2）表演者的财产权利

①许可他人从现场直播和公开传送其现场表演并获得报酬。

②许可他人录音录像并获取报酬。

③许可他人复制、发行录有其表演的录音录像制品并获得报酬。

④许可他人通过信息网络向公众传播其表演并获得报酬。

表演者的财产权利是有保护期限的，表演者所享有的从现场直播和公开传送其现场表演；对其表演录音录像；复制、发行录有其表演的录音录像制品；通过计算机信息网络向公众传播其表演等四项财产权利的保护期为五十年，截止于该表演发生后第五十年的 12 月 31 日。

另外，外国人、无国籍人在中国境内的表演，受《著作权法》的保护。外国人、无国籍人根据中国参加的国际条约对其表演享有的权利，受《著作权法》保护。

（二）音像制作者的权利

1.音像制作者的定义

音像制作者是指将声音、形象或两者的结合首次固定于物质载体上的人。大多数国家都承认自然人与法人均可以成为音像制作者，并对录音制作者与录像制作者作了区分。前者是指将声音首次固定在物质载体上的人，后者是指将声音和形象首次固定在物质载体上的人。

2.音像制作者的义务

音像制作者使用他人作品制作音像制品时，应履行以下义务。

（1）音像制作者使用他人作品制作音像制品，不再区分他人作品是否发表,均规定应当取得著作权人许可,并支付报酬。

(2)音像制作者使用改编、翻译、注释、整理已有作品而产生的作品,应当取得改编、翻译、注释、整理作品的著作权人和原作品著作权人许可,并支付报酬。

(3)录音制作者使用他人已经合法录制为录音制品的音乐作品制作录音制品,可以不经著作权人许可,但应当按照规定支付报酬;著作权人声明不许使用的不得使用。

(4)音像制作者制作音像制品,应当同表演者订立合同,并约定双方的权利义务及音像制作者向表演者支付报酬的标准和方法。

3.音像制作者的权利

音像制作者享有下列权利。

(1)音像制作者对其制作的录音录像作品享有许可他人复制、发行并获得报酬的权利。非经权利人许可,任何人不得复制、发行该音像制品。

(2)音像制作者对其制作的录音录像作品享有许可他人出租、通过信息网络向公众传播,并获得报酬的权利。

目前,保护音像制作者的权利已成为绝大多数国家的《著作权法》的重要内容。不仅如此,《著作权法》还强化了对录音制品中作品的著作权人和作品的表演人的利益保护。根据《著作权法》第四十四条的规定,录音录像制作者对其制作的录音录像制品,享有许可他人复制、发行、出租、通过信息网络向公众传播并获得报酬的权利;权利的保护期为五十年,截止于该制品首次制作完成后第五十年的 12 月 31 日。被许可人复制、发行、通过信息网络向公众传播录音录像制品,应当同时取得著作权人、表演者许可,并支付报酬;被许可人出租录音录像制品,还应当取得表演者许可,并支付报酬。

(三)广播组织的权利

1.广播组织的定义

广播组织是指通过无线电波传播由声音或图像或由两者构成的实况或录音制品的人。在我国《著作权法》中,其特指广播电台、电视台。这里的广播电台、电视台仅指那些依法核准,专门从事广播电视节目的制作,并向其覆盖范围内不特定的公众播发图文、声像信息的单位。企事业单位内部和乡镇地方组织为了宣传需要而设立的广播站、电视台则不包括在内。

2.广播组织的义务

广播组织在使用他人作品时应履行如下义务。

(1)播放他人未发表的作品,应当取得著作权人许可,并支付报酬。

(2)播放他人已经发表的作品,可以不经著作权人许可,但应当支付报酬。

(3)电视台播放他人的电影作品和以类似摄制电影的方法创作的作品、录像制品,应当取得制片者或者录像制作者许可,并支付报酬。播放他人的录像制品,还应当取得著作权人许可,并支付报酬。

(4)广播电台、电视台播放已经出版的录音制品,可以不经著作权人许可,但应当支付报酬。当事人另有约定的除外。具体办法由国务院规定。

3.广播组织的权利

广播组织的权利,即广播组织依法对其制作的广播节目所享有的专有权利。根据《著作权法》的规定,广播电台、电视台享有如下权利。

(1)许可他人播放的权利。广播电台、电视台对其播放的广播、电视节目有控制权,未经其许可,他人不得转播。

(2)许可他人将其制作的广播、电视录制在音像载体上以及复制音像载体的权利。

第六节　著作权的保护与维权

一、著作权侵权行为的认定

(一)著作权侵权行为的判断规则

著作权侵权行为是指未经许可擅自使用受著作权保护的作品和其他客体的侵权行为。以作品为例,判断某行为是否侵犯著作权,应当注意以下四点。

1. 第三人侵犯的对象应当是作品而非作品载体

从表面来看,作品和作品载体通常是相伴出现的,但是两者享有的权利截然不同。作品载体对应的是物权,侵犯作品载体之物权的行为通常表现为擅自占有、毁损等行为;而作品对应的是著作权,侵犯作品著作权的行为通常表现为擅自复制、传播等行为。认定著作权侵权行为时,首先应当判断该行为侵犯的客体为何。例如,甲创作了一幅油画,乙未经许可损坏了这幅画,其侵犯的是甲的物权,如果乙未经许可对该幅画进行翻拍并上传网络,则侵犯了甲的著作权。

2. 第三人使用了作品的具体表达而非其中体现的思想

根据思想表达二分法,作品蕴含的思想不受《著作权法》保护,展现这些思想的具体表达才是《著作权法》保护的对象。因此,认定第三人侵犯著作权的前提是行为人使用的是作品的具体表达而非其中体现的思想。以小说为例,如果第三人使用了小说中的具体文字表述,其无疑属于对表达的使用,如果第三人使用的是小说中的具体情节、人物对白、心理描写等内容,通常也构成对表达的使用。但是,如果第三人仅使用了小说中最基本的故事梗概或者小说的主题,则通常属于对思想的使用,不会构成侵权行为。

3. 第三人对作品的使用行为在著作权的控制范围内

我国《著作权法》根据对作品的不同使用方式列举了 12 种著作财产

权,除此之外,《著作权法》还规定了一项兜底条款,即"应当由著作权人享有的其他权利",据此可以说,著作财产权涵盖了对作品的复制、发行、展览、广播等各种使用行为。但是就每项著作财产权而言,《著作权法》都对它们作出了明确界定,从适用对象或行为表现等方面对其划定了详细的适用范围。例如,表演权仅适用于对作品的公开表演行为,出租权仅适用于影视作品和计算机软件。据此,如果第三人对作品的使用行为在相应的著作财产权的控制范围之外,例如,在私人范围内进行作品表演,或者对文字作品进行出租,都不会构成著作权侵权行为。

4.第三人对作品的使用未经著作权人授权,也不具备法律规定的特殊事由

如果落在著作财产权控制范围内的作品使用行为经过著作权人明确授权,或者符合某种合理使用情形,则该使用具有合法权益,必然不构成侵权。此外,如果第三人未经著作权人许可对作品进行使用,但其符合某种法定许可情形,则只要第三人按照法律规定支付了使用费,则其使用也属于合法行为,不必承担法律责任。

需要注意的是,由于《著作权法》仅要求作品具有独创性和可复制性,不要求作品具有创新性,亦即,某部作品只要是作者独立创作完成的、体现了作者的独立构思、含有作者的思想贡献,便可以受到《著作权法》保护,无论其与已有作品是否相似或者相同。换言之,如果某部作品是作者独立构思和创作完成的,并非抄袭、剽窃他人的结果,即使与某在先作品在客观上十分相似甚至相同(虽然此种情形的可能性极其微小),则该作品也能获得《著作权法》保护,而且不构成对在先作品的侵权,不必承担侵权责任。因此,实践中,我们判断著作权侵权行为时,往往需要进行接触可能性分析。以复制权为例,我们判断第三人是否侵犯著作权人的复制权时,在对两部作品进行具体对比、认定被告作品与原告作品中存在相同内容且该内容属于作品的具体表达而非思想的同时,还应当分析被告有无接触原告作品的可能性。如果原告作品根本未公开发表或者虽已发表但其公开范围有限,被告不可能接触到,则我们也不能轻易判定被告侵犯

了原告的复制权。

(二)著作权侵权行为的具体情形

从理论上看,著作权的权利内容和权利限制两部分相结合,便准确地划定了著作权人的权利范围。第三人未经许可使用作品的行为只要落在权利内容的范围内,又不属于权利限制的情形,便可能构成侵权。

根据《著作权法》的规定,有下列侵权行为的,应当根据情况,承担停止侵害、消除影响、赔礼道歉、赔偿损失等民事责任。

第一,未经著作权人许可,发表其作品的。

第二,未经合作作者许可,将与他人合作创作的作品当作自己单独创作的作品发表的。

第三,没有参加创作,为谋取个人名利,在他人作品上署名的。

第四,歪曲、篡改他人作品的。

第五,剽窃他人作品的。

第六,未经著作权人许可,以展览、摄制视听作品的方法使用作品,或者以改编、翻译、注释等方式使用作品的,本法另有规定的除外。

第七,使用他人作品,应当支付报酬而未支付的。

第八,未经视听作品、计算机软件、录音录像制品的著作权人、表演者或者录音录像制作者许可,出租其作品或者录音录像制品的原件或者复制件的,本法另有规定的除外。

第九,未经出版者许可,使用其出版的图书、期刊的版式设计的。

第十,未经表演者许可,从现场直播或者公开传送其现场表演,或者录制其表演的。

第十一,其他侵犯著作权以及与著作权有关的权利的行为。

除此之外,有下列侵权行为的,不仅需要追究民事责任,还可能根据实际情况追究行政责任甚至刑事责任。具体包括以下内容。

第一,未经著作权人许可,复制、发行、表演、放映、广播、汇编、通过信息网络向公众传播其作品的,《著作权法》另有规定的除外。

第二,出版他人享有专有出版权的图书的。

第三,未经表演者许可,复制、发行录有其表演的录音录像制品,或者通过信息网络向公众传播其表演的,《著作权法》另有规定的除外。

第四,未经录音录像制作者许可,复制、发行、通过信息网络向公众传播其制作的录音录像制品的,《著作权法》另有规定的除外。

第五,未经许可,播放、复制或者通过信息网络向公众传播广播、电视的,《著作权法》另有规定的除外。

第六,未经著作权人或者与著作权有关的权利人许可,故意避开或者破坏技术措施的,故意制造、进口或者向他人提供主要用于避开、破坏技术措施的装置或者部件的,或者故意为他人避开或者破坏技术措施提供技术服务的,法律、行政法规另有规定的除外。

第七,未经著作权人或者与著作权有关的权利人许可,故意删除或者改变作品、版式设计、表演、录音录像制品或者广播、电视上的权利管理信息的,知道或者应当知道作品、版式设计、表演、录音录像制品或者广播、电视上的权利管理信息未经许可被删除或者改变,仍然向公众提供的,法律、行政法规另有规定的除外。

第八,制作、出售假冒他人署名的作品的。

二、对著作权侵权行为的法律处理方法

(一)民事处理方法

1.著作权侵权的诉讼管辖

(1)级别管辖

根据《最高人民法院关于审理著作权民事纠纷案件适用法律若干问题的解释》的规定,著作权民事纠纷案件由中级以上人民法院管辖。各高级人民法院根据本辖区的实际情况,可以确定若干基层人民法院管辖第一审著作权民事纠纷案件。

(2)地域管辖

对著作权侵权行为提起的民事诉讼,由侵权行为的实施地、侵权复制品储藏地或者查封扣押地、被告住所地人民法院管辖。其中,侵权复制品

储藏地,是指大量或者经常性储存、隐匿侵权复制品所在地;查封扣押地,是指海关、版权、工商等行政机关依法查封、扣押侵权复制品所在地。

对涉及不同侵权行为实施地的多个被告提起的共同诉讼,原告可以选择其中一个被告的侵权行为实施地的人民法院管辖;仅对其中某一被告提起的诉讼,该被告侵权行为实施地的人民法院有管辖权。

2. 诉前禁令、诉前财产保全、诉前证据保全

(1)诉前禁令

诉前禁令又称诉前责令停止侵权,是指著作权人或者邻接权人有证据证明他人正在实施或者即将实施侵犯其权利的行为,如不及时制止将会使其合法权益受到难以弥补的损害的,可以在起诉前向人民法院申请采取责令停止有关行为的措施。

据此,著作权人和邻接权人向人民法院提出诉前禁令申请时,应当递交书面申请状和相关证据,并应提供担保。人民法院接受申请后,经审查符合条件的,应当在48小时内做出书面裁定;裁定责令被申请人停止侵犯著作权或邻接权行为的,应当立即开始执行。当事人对裁定不服的,可以在收到裁定之日起10日内申请复议一次,复议期间不停止裁定的执行。著作权人或邻接权人在人民法院采取停止有关行为的措施后15日内不起诉的,人民法院应当解除裁定采取的措施。申请人不起诉或者申请错误造成被申请人损失的,被申请人可以向有管辖权的人民法院起诉请求申请人赔偿,也可以在著作权人或邻接权人提起的侵犯著作权或邻接权的诉讼中提出损害赔偿请求,人民法院可以一并处理。

(2)诉前财产保全

诉前财产保全是指著作权人或者邻接权人有证据证明他人正在实施或者即将实施侵犯其权利的行为,如不及时制止将会使其合法权益受到难以弥补的损失的,可以在起诉前向人民法院申请采取财产保全的措施。

著作权人或邻接权人可以向被保全财产所在地、被申请人住所地或者对案件有管辖权的人民法院申请采取保全措施,同时应当提供相当于请求保全数额的担保;不提供担保的,法院裁定驳回申请。人民法院接受

申请后,必须在 48 小时内作出裁定;裁定采取保全措施的,应当立即开始执行。当事人对保全裁定不服的,可以自收到裁定书之日起 5 日内向作出裁定的人民法院申请复议。申请人在人民法院采取保全措施后 30 日内不依法提起诉讼或者申请仲裁的,人民法院应当解除保全。保全限于请求的范围,或者与本案有关的财物;具体可以采取查封、扣押、冻结或者法律规定的其他方法。人民法院保全财产后,应当立即通知被保全财产的人。被申请人提供担保的,人民法院应当裁定解除保全。申请有错误的,申请人应当赔偿被申请人因保全所遭受的损失。

(3)诉前证据保全

诉前证据保全是指为制止侵权行为,在证据可能灭失或者以后难以取得的情况下,著作权人或者邻接权人可以在起诉前向人民法院申请保全证据。著作权人和邻接权人向人民法院提出诉前保全证据的申请,应当递交书面申请状;人民法院可以责令申请人提供担保,申请人不提供担保的,人民法院裁定驳回申请。人民法院接受申请后,必须在 48 小时内作出裁定;裁定采取保全措施的,应当立即开始执行。申请人在人民法院采取保全措施后 15 日内不起诉的,人民法院应当解除保全措施。

3.损害赔偿额的计算

根据《著作权法》的规定,侵犯著作权或者与著作权有关的权利的,侵权人应当按照权利人因此受到的实际损失或者侵权人的违法所得给予赔偿;权利人的实际损失或者侵权人的违法所得难以计算的,可以参照该权利使用费给予赔偿。对故意侵犯著作权或者与著作权有关的权利,情节严重的,可以在按照上述方法确定数额的一倍以上五倍以下给予赔偿。

权利人的实际损失、侵权人的违法所得、权利使用费难以计算的,由人民法院根据侵权行为的情节,判决给予五百元以上五百万元以下的赔偿。

据此,著作权侵权行为的损害赔偿额,应当按照以下标准进行计算。

(1)权利人的实际损失

权利人的实际损失,可以根据权利人因侵权所造成复制品发行减少量或者侵权复制品销售量与权利人发行该复制品单位利润乘积计算。这项规定体现了侵权责任的损害弥补原则，通常应当以权利人的复制品发行减少量乘以复制品的单位利润进行计算，只有发行减少量难以确定时，才以侵权复制品的市场销售量乘以权利人复制品单位利润。

（2）侵权人的违法所得

简言之，侵权人的违法所得是其从侵权行为中获得的利益，即侵权人从事侵权活动获得的收入减去所花费成本后剩下的数额。采取此种计算方式，深层次的依据在于"任何人都不得从违法行为中获利"这一基本理念。在实践中，可以根据侵权复制品的销售量与该复制品的单位利润的乘积进行计算。

（3）法定赔偿额

权利人的实际损失和侵权人的违法所得都无法确定时，人民法院根据当事人的请求或者依职权确定赔偿数额。此时，法院应当考虑作品类型、合理使用费、侵权行为性质、后果等情节综合确定，但是最高不得超过50万元。

此外需要注意以下两点。

第一，前述三种计算方式之间是递进关系，而非并列关系。换言之，权利人不得在三种计算方式之间进行随意选择，只有依据前一种计算方式无法确定损害赔偿额时，才能依次适用后一种计算方式。

第二，根据权利人的实际损失或者侵权人的违法所得来计算损害赔偿额时，赔偿数额还应当包括权利人为制止侵权行为所支付的合理开支，具体包括权利人或者委托代理人对侵权行为进行调查、取证的合理费用。此外，人民法院根据当事人的诉讼请求和具体案情，可以将符合国家有关部门规定的律师费用计算在赔偿范围内。

（二）行政处理方法

著作权行政管理部门可以责令行为人停止侵权行为，没收违法所得，没收、销毁侵权复制品，并可处以罚款；情节严重的，著作权行政管理部门还可以没收主要用于制作侵权复制品的材料、工具、设备等。对于这些行政处罚,当事人不服的,可以自收到行政处罚决定书之日起 3 个月内向人民法院起诉,期满不起诉又不履行的,著作权行政管理部门可以申请人民法院执行。

(三)刑事处理方法

根据《中华人民共和国刑法》的规定,以营利为目的,有下列侵犯著作权或者与著作权有关的权利的情形之一,违法所得数额较大或者有其他严重情节的,处三年以下有期徒刑,并处或者单处罚金;违法所得数额巨大或者有其他特别严重情节的,处三年以上十年以下有期徒刑,并处罚金。

第一,未经著作权人许可,复制发行、通过信息网络向公众传播其文字作品、音乐、美术、视听作品、计算机软件及法律、行政法规规定的其他作品的。

第二,出版他人享有专有出版权的图书的。

第三,未经录音录像制作者许可,复制发行、通过信息网络向公众传播其制作的录音录像的。

第四,未经表演者许可,复制发行录有其表演的录音录像制品,或者通过信息网络向公众传播其表演的。

第五,制作、出售假冒他人署名的美术作品的。

第六,未经著作权人或者与著作权有关的权利人许可,故意避开或者破坏权利人为其作品、录音录像制品等采取的保护著作权或者与著作权有关的权利的技术措施的。

第四章　专利权及其保护与维权

第一节　专利权概述

一、专利权的概念

(一)专利权的本质

专利权作为一种设定在技术之上的权利,因为技术在社会经济中的重要性,在所有的知识产权中也最为重要、最为典型,以至于迄今的知识产权基本理论基本上是以专利权为底版建立起来的。梳理一下现有知识产权的理论可以发现,知识产权的基本理论基本上就是专利权的基本理论,许多知识产权论文的标题中的"知识产权"换为"专利权"也没有问题。反过来也行,比如,我国关于专利权的基本理论的主流观点涉及自然权利论、非物质财产论、专利契约论、鼓励竞争论、利益平衡论和产业政策论等,这些理论基本上也是知识产权的基本理论。[①]

因此,知识产权的基本理论基本上也是专利权的基本理论,学界,包括法学界和经济学界,关于专利权的探讨实际上是比较充分的。但是,迄今的探讨基本上没有运用当代科学思维从权利客体的本质出发对知识产权作系统性剖析,而多是运用传统或经典哲学、经济学理论对现有法律制度及有关权利现象进行解释论证,所以,现有知识产权理论是有局限和缺陷的,专利权理论也是这样。那么,运用当代科学思维在论述了权利客体即技术的相关问题后,继续探讨专利权问题还是有必要的。

---

① 　吴汉东.知识产权法学 第 6 版[M].北京:北京大学出版社,2014:121－123.

技术的本质是产品生产方法,方法终归是要用的,是要去生产产品的,技术的价值实现也在于走向产品生产,技术的生命就在于在产品生产中使用。但是,技术的存在形式是信息,技术一旦附着在产品上一同进入市场,就脱离了生产者的占有性控制,任何人都可能轻易地占有它,各种"反向工程"甚至就是来干这个的。而新产品在市场上还需要培育期,技术生产者第一次向市场推出新产品,往往不大可能收回技术开发成本,甚至都是亏本。辛辛苦苦开发的技术还没有收回成本就被他人占有,这样的买卖是没人愿意做的。这不仅是技术生产者的事,也是社会的事,因为生产者不愿意生产技术,社会就没法进步。解决的办法就是在技术上设定生产者的权利,这个权利须能保证生产者向市场推出技术及其产品,还要能保证生产者能够继续独家使用技术生产产品,即在技术公开的情况下独家享有技术使用权,这个权利就是专利权。

专利权不能排除非权利人对技术的占有,但却能通过法律保障权利人对技术的独家使用。因为技术的使用就是产品的生产,非权利人一旦生产专利技术产品或者销售专利技术产品,非权利人的行为就要进入法律的管制领域而被制止、处罚或责令赔偿,专利权的本质就是对技术的专有使用权。之所以用"专有使用权"而不用时下多用的"独占使用权",是因为技术的存在形式是信息,一旦公开就无法"独占"。"使用权"倒可以通过法律规定实施"独占",但是,那就应叫作独占的使用权。而专有使用权就不存在这个问题,"专有"的"专"有专门、独家的意思,与专利权一词的"专"也契合,而"有"有享有、所有的意思,所以,无论是对技术的独家"所有",还是对使用权的独家"享有",专有使用权都可以包含。

(二)专利权的概念

对技术的专有使用权是专利权的本质,但是,并不是所有的对技术的专有使用权都是专利权,专利权还有自己特殊的规定性。

首先,专利权的客体必须是新技术,即具有新颖性。专利权就是给新生产出来的技术保驾护航的,就是用来解决新技术的公开和回报问题的,专利权制度的目的决定了能够成为专利权客体必须具有新颖性。旧技术要么早已公开,要么过时,生产者没有必要费力生产已有的技术,社会也没有必要鼓励旧技术的重复生产。当然,新颖性是相对而言的,一是相对于某个特定的法域,二是相对于特定时点。在其他国家是旧技术,在我国可能还是新技术,而且由于技术垄断,生产其他国家的旧技术对我们的生产者和社会都是必要的,因此,这类旧技术也具有新颖性。另外,生产时是新技术,甚至使用时还是新技术,但是申请专利时却可能是旧技术了,因为有人已经申请过相同的专利技术。

其次,专利权的客体必须有利于社会,即具有实用性。技术是产品的生产方法,产品是可以有不同定义的,是多种多样的。专利权是社会,准确讲是国家在技术上设定的权利,这个权利当然要有利于社会的有序化,具有对社会的实用性。

结合上述专利权的本质和客体的特殊规定性,暂把权利主体界定为生产者,则专利权的定义就是:生产者对实用的新技术的专有使用权。其中,专有使用权描述专利权的本质,"技术"描述专利权的客体,"新"描述新颖性,"实用"描述实用性。

二、专利权的权利属性

专利权是对技术的专有使用权,使用的目的无非是生产新技术产品获取市场回报,"专利"一词的确很准确,所以,专利权的财产权属性是明显的,也是知识产权中财产权属性最典型的。

同样是财产权,专利权的财产权有自己的特殊性。财产权一般包括占有权、使用权、收益权和处分权四项权能或具体权利,专利权包括了其中的所有权利。但是,专利权的占有权与物权不同,专利权对技术的占有不是独家的和唯一的,而物权的对物的占有只能是独家的和唯一的。造成这种不同的原因就是技术的信息存在形式,技术作为一种信息,没有实体,却可以被共享,所以,不可能像物那样被独占。不过,这并不影响财产权的实现,因为财产相对于人和社会的功能不在于占有,而在于使用、收益和处分。何况,对技术的占有不具有相互排斥性,所有人、使用人和非所有人都可以占有,关键在于谁能使用、谁能收益和谁能处分。

专利权的财产权与著作权的财产权也有不同,著作权的本质是对作品的传播权,这就不同于专利权的专有使用权,两者的权利实现方式就会不同。作品本身就是精神消费品,著作权的实现无需通过产品生产环节,作者的财产权可以体现在传播中获得收益,传播就是对作品的使用,也可以体现在对作品的处分,通过处分作品获得收益。而专利权则体现在对专利技术的产品化使用,权利人可以自己把技术用于产品生产并获得收益,也可以通过出售的方式处分专利技术获得收益,总之,专利权的实现必须通过产品生产环节。

第二节　专利权的主体

一、专利权的主体

(一)发明人和设计人

发明人指对产品、方法或者其改进提出新技术方案的人。设计人指对产品的形状、构造或其结合提出适于实用的新技术方案的人,或者是对产品的形状、图案、色彩或其结合提出富有美感、并适用于工业上应用的新外观设计的人。发明人或设计人,通常是对发明创造的实质性特点作出创造性贡献的人。在完成发明创造过程中,只负责组织工作的人、为物质技术条件的利用提供方便的人或者从事其他辅助工作的人,不是发明人或设计人。只有直接参加发明创造活动,并对发明创造的实质性特点作出了创造性贡献的人才能被认定为发明人或设计人。之所以能够成为发明人或设计人,是由于他们对于发明创造或外观设计的实质性特征作出了创造性的贡献。没有这种创造性贡献的其他人,如组织管理者、情报提供者、后勤保证者、实验操作者等,均不能被视为发明人或设计人。

组织领导者的作用是下达科研任务、提供经费和物质条件、调配工作人员等,科技辅助人员是承担试验、化验、数据处理等工作的人员,他们不是发明人。如果组织领导者参加了具体的研究开发工作,参与特定难题的解决,其提出的意见、解决方案起到了较大作用,那么也可以成为共同发明人。科技辅助人员如果在实验过程中有所创新,发现并纠正了研究者的错误,也可被认定为共同发明人。

这一标准,对于共同发明人或共同设计人的认定,非常重要。判定是不是共同发明人或共同设计人,其根本的标准在于:一是要以事实为依据,从选题到方案的制定,创造性思想的提出,实验的设计,数据处理的全过程等,都应正确地记录每个人的贡献。依据这些记录客观地确定每个人对成果所作出的贡献;二是以是否有创造性贡献为标准,尽管参加课题的其他人员都有贡献,但关键要看谁对解决实质性问题作出了创造性的贡献,如果有两个或两个以上的人都有创造性的贡献,那么,他们就是共同发明人或共同设计人。

(二)专利申请权人

为了防止专利申请权纠纷的产生,需要明确专利申请权人的基本规则。下列当事人可以作为专利申请权人,向国家专利主管机关申请专利。

第一,发明人或设计人,可以成为专利申请人。

第二,执行本单位的任务或者主要利用本单位的物质技术条件所完成的职务发明,本单位作为专利申请权人。

利用本单位的物质技术条件所完成的职务发明,单位或发明人、设计人,依合同约定,可以成为专利申请权人。

第三,其他非法人组织,作为发明人或设计人,可以成为专利申请权人。

第四,委托发明的委托人或受委托人,依合同约定,委托人或受委托人可以成为专利申请权人。合同未有约定或约定不明确的,专利申请权属于完成发明创造的单位或个人。

第五,两个以上单位或个人合作完成发明创造,依合同约定,可以由一方或参加完成发明创造的各方共同成为专利申请权人。合同未有约定或约定不明确的,由共同完成发明创造的各方,共同成为专利申请权人。

第六，专利申请权可以转让，专利申请权的受让人可以成为专利申请权人。

第七，专利申请权人死亡后，其依法享有的专利申请权可以作为遗产，由其合法继承人继承，因此，专利申请权人的继承人也可以成为专利申请权人。

第八，外国人，包括外国法人和外国自然人、无国籍人，均可以成为专利申请权人。

(三)专利权人

下列当事人可以成为专利权人。

第一，发明人或设计人，可以成为专利权人。

第二，执行本单位的任务或者主要利用本单位的物质技术条件所完成的职务发明，本单位应当作为专利权人。

利用本单位的物质技术条件所完成的职务发明，单位或发明人、设计人，依合同约定，可以成为专利权人。

第三，其他非法人组织，可以成为专利权人。

第四，委托发明的委托人或受委托人，依合同约定，委托人或受委托人可以成为专利权人。合同未有约定或约定不明确的，专利权属于完成发明创造的单位或个人。

第五，两个以上单位或个人合作完成发明创造，依合同约定，可以由一方或参加完成发明创造的各方共同成为专利权人。合同未有约定或约定不明确的，由共同完成发明创造的各方，共同成为专利权人。

第六，专利权的受让人，依据专利权的转让合同，可以成为专利权人。

第七，全民所有制单位可以成为专利权人。

第八，外国人，包括外国法人和外国自然人、无国籍人，均可以成为专利权人。

二、职务发明

职务发明是指执行本单位的任务或主要是利用本单位的物质技术条

件所完成的发明创造。专利制度的重要任务是完善职务发明制度,建立既有利于激发职务发明人创新积极性,又有利于促进专利技术实施的利益分配机制。可见,完善我国职务发明制度是促进专利制度发展完善的重要举措。

职务发明主要包括如下四种情况。

第一,在本职工作中做出的发明创造。

第二,履行本单位交付的本职工作之外的任务所做出的发明创造。

第三,退休、调离原单位后或者劳动、人事关系终止后1年内做出的,与其在原单位承担的本职工作或者原单位分配的任务有关的发明创造。

第四,主要是利用本单位的物质技术条件所完成的发明创造。

"执行本单位的任务"中的"本单位",不仅包括与发明人或设计人有人事关系、工资关系的正式单位,还包括临时工作单位,如正式单位指派其从事某种工作的顾问或兼职单位等。

"主要是利用本单位的物质技术条件所完成的发明创造",是指该发明创造主要是利用本单位的资金、设备、零部件、原材料或者不对外公开的技术资料等而完成的。对于利用本单位的物质技术条件所完成的发明创造来说,单位与发明人或设计人订有合同,对申请专利的权利和专利权的归属作出约定的,从其约定。《专利法》的这种规定,有利于提高发明人或设计人进行发明创造的积极性和主动性,也有利于保障其经济利益的实现。

如果职务发明的专利申请权或专利权归本单位享有,则被授予专利权的单位应当对职务发明创造的发明人或者设计人给予奖励;发明创造专利实施后,根据其推广应用的范围和取得的经济效益,对发明人或者设计人给予合理的报酬。被授予专利权的单位未与发明人、设计人约定也未在其依法制定的规章制度中规定奖励的方式和数额的,应当自专利权公告之日起3个月内发给发明人或者设计人奖金。一项发明专利的奖金最低不少于3000元;一项实用新型专利或者外观设计专利的奖金最低不少于1000元。被授予专利权的单位未与发明人、设计人约定也未在其依法制定的规章制度中规定报酬的方式和数额的,在专利权有效期限内,实施发明创造专利后,每年应当从实施该项发明或者实用新型专利的营业利润中提取不低于 2%或者从实施该项外观设计专利的营业利润中提取不低于 0.2%,作为报酬给予发明人或者设计人,或者参照上述比例,给予发明人或者设计人一次性报酬;被授予专利权的单位许可其他单位或者个人实施其专利的,应当从收取的使用费中提取不低于 10%,作为报酬给予发明人或者设计人。由于发明人或者设计人的建议被其所属单位采纳而完成的发明创造,被授予专利权的单位应当从优发给奖金。

国家鼓励被授予专利权的单位实行产权激励,采取股权、期权分红等方式,使发明人或者设计人,合理分享创新收益。

此外,如果职务发明的专利申请权或专利权归本单位享有,则做出实际发明创造的发明人和设计人有权在专利申请文件和专利文件上写明自己是发明人或者设计人。

第三节　专利权的客体

专利权客体,也称专利法保护的对象或者专利的种类,是指能取得专利权,可以受专利法保护的发明创造。

对于专利保护对象的选择各国有一定的差异,多数国家均把发明专利纳入保护范畴,对于实用新型和外观设计则有所不同,尤其是外观设计多数国家都没有适用专利权法的保护,我国把外观设计纳入专利权的保护对象也算一特色。另外,对于发明创造的保护范围和方式也有所不同。根据我国《专利法》规定,发明创造是指发明、实用新型和外观设计。因此,我国专利权的客体应是指发明、实用新型、外观设计三种形式。

一、发明

发明是应用自然规律解决技术领域中特有问题而提出创新性方案、措施的过程和成果。产品之所以被发明出来是为了满足人们日常生活的需要,分为有用发明和无用发明。发明的成果或是提供前所未有的人工自然物模型,或是提供加工制作的新工艺、新方法。机器设备、仪表装备和各种消费用品以及有关制造工艺、生产流程和检测控制方法的创新和改造,均属于发明。

由于发明是新技术的源头和技术创新的基础,因而具有如下特征。

(一)发明是一种技术方案

所谓技术方案是为研究解决各类技术问题,有针对性、系统性地提出的方法、应对措施及相关对策。专利中,技术方案是指清楚完整地描述发明或实用新型解决其技术问题所采取的技术特征组合,是发明创造人利用自然规律或者自然现象的结果。它不是自然规律或自然现象本身,也不是单纯地揭示自然规律和自然现象的理论认识和创新。

(二)发明应当包含创新

发明当然包含创新的意义,创新是发明应有的本来含义,没有创新就不能称作发明,但是《专利法》对创新有更高的要求,具体是与现有技术相比较必须是前所未有的,其所具有的创造性必须达到一定的高度。无论是独立的开拓性的发明,还是在现有技术基础上做出的改进,其与现有技术比较不但要有创新性,还必须有实质性的显著进步性。

(三)发明是一种具体的新的技术方案

所谓具体,指的是必须能够达到、实现一定的技术效果,能解决特定的技术难题,具有一定的实用性。《专利法》虽不要求发明必须是已经完全实施或已转化为客观存在的产品,但技术方案必须是科学的、行之有效的。同时存在于大脑中的技术构思或设想不是《专利法》意义上的发明。

(四)发明须符合法律的要求

鉴于知识产权的法定性,专利的保护上各国立法者有所选择和倾向性,所以《专利法》所保护的发明除具有一般发明的技术属性外,还应具备一定的法律属性。《专利法》意义上的发明还必须符合相关专利法律制度的规定和要求,单纯意义上的发明也不一定是发明保护的对象。

《中华人民共和国专利法实施细则》(以下简称《专利法实施细则》)对

发明的界定做出以下概括。

1.产品发明

产品发明是指用发明人所提供的解决特定问题的技术方案直接生产的产品,如电灯、电话、机器、设备、仪器仪表、新的合金物质等发明。没有经过人力的加工、属于自然状态的物质不是产品发明,如天然宝石、矿物质等。产品发明取得专利权后,称为产品专利,产品专利只保护产品本身,不保护该产品的制造方法。

2.方法发明

方法发明是指为制造产品或者解决某个技术问题而创造的操作方法和技术过程。此处的"方法",可以是化学方法、机械方法、通信方法以及工艺规定的顺序所描述的方法。方法发明取得专利权后,称为方法专利。我国《专利法》规定,方法专利的保护延及进口或者在我国境内使用或者销售的用该方法直接获得的产品。这意味着未经方法发明专利权人的许可,任何单位或者个人不得使用其专利方法以及使用、销售依照该专利方法直接获得的产品。

3.改进发明

改进发明是与首创发明相对的一个概念,指人们对已有的产品发明和方法发明提出实质性革新的技术方案。改进发明与产品发明、方法发明的根本区别在于改进发明不是新产品或新方法的创造,而是在已有产品或方法的基础上进行的创造性的改进或改善。它能给已有产品和方法带来新的特征、新的部分质变,但是改进发明没有从根本上突破原有产品或方法的格局。绝大多数发明都属于改进发明。

二、实用新型

实用新型,是指对产品的形状、构造或者其结合所提出的适于实用的新的技术方案,又称小发明或小专利。它的创造性和技术水平较发明专利低,但实用价值大,在专利权审批上采取简化审批程序、缩短保护期限、降低收费标准等办法加以保护。关于实用新型,有些国家并没有将其列为专利保护的独立对象,而是将其放在发明专利中予以保护。另外在有些国家,实用新型则列为专利保护的独立客体,这种实用新型则主要是指小发明。

世界各国之所以保护实用新型,目的在于鼓励低成本、研制周期短的小发明的创造,以更快地适应经济发展的需要。由于发明专利授权周期一般为2~3年,为了使专利权人能快速地得到授权,特设置实用新型专利,在先授予专利权后,如果发生专利侵权纠纷,再启动相应的实质审查程序,包括评论该专利权的实用性、新颖性、创造性。可节约大量的审查资源。

国际上,《保护工业产权巴黎公约》(以下简称《巴黎公约》)没有规定实用新型的概念,但规定实用新型享有发明专利的利益,《与贸易有关的知识产权协定》也没有单独规定实用新型这一专利类型。

我国《专利法》明确将实用新型作为专利保护的对象之一,规定实用新型专利是指:产品形状、构造或者其结合所提出的适于实用的新的技术方案,该技术方案在技术水平上低于发明专利,主要是考虑到我国的工业和科技水平。实用新型发明数量较多,对这些小发明实施法律保护,有利于调动广大人民群众从事发明创造的积极性,推动我国科学技术的进步。

与发明相比较,实用新型的特征体现在:它必须是一种具有一定形状或构造的产品。

实用新型专利只保护产品,有三层含义:其一,实用新型必须是一种产品,不能是一种方法。如仪器、设备、用具或日用品等。制造产品的工艺方法不是实用新型。其二,该产品也不能没有固定形状。实用新型应具有特定的立体外形和相应的功能。其三,实用新型必须具有可移动性。《专利法》规定,虽具有固定形状或构造,但不可移动的产品,如房屋、桥梁等,不能成为实用新型专利权的客体。一切有关方法(包括产品的用途)以及未经人工制造的自然存在的物品不属于实用新型专利的保护客体。

实用新型必须具有应用性技术特征。实用新型具有实用价值,可以实施,可以用工业方法再现。产品的形状、构造或者其结合的技术方案必须能够产生技术上的积极效果,具有技术性能。如果单纯表现为视觉上的美感,不具有技术上的特性,则不是实用新型专利权的客体。

实用新型的创造性要求不太高,而实用性较强,实用价值大。实用新型属于一种新的技术方案,与现有技术方案相比具有创造性,但对其创造性要求低于发明专利。

我国《专利法》把实用新型和发明都视为专利保护的对象,虽然两者本质相同。但仍存在较大差别。

第一,两者的创造性水平高低不同。实用新型通常被称为"小发明",法律对其创造性要求较低,而对发明的创造性水平要求则较高。

第二,两者保护的范围不同。实用新型的对象只能是具有立体形状和构造的产品;而发明的对象既可以是产品,也可以是方法,这从我国《专利法》关于两者的定义中可以直接看出。

第三,两者的审查程序不同。实用新型的审查程序比发明简单、快捷。根据我国《专利法》规定,对实用新型仅经过初步审查,符合《专利法》要求的即授予专利权。而对发明专利申请则采取早期公开,延迟审查制度,即不仅要进行形式审查,而且要进行公开和实质审查(新颖性、创造性和实用性审查)后,方可授予专利权,所以审查的程序上要比实用新型复杂、时间上也比实用新型要长得多。

第四,两者的保护期限不同。一般各个国家法律规定的发明专利保护期,均比实用新型要长一些。我国《专利法》规定发明专利权的期限为20年,实用新型专利权的期限为10年,均自申请日起计算。

三、外观设计

外观设计是指对产品的形状、图案、色彩或其结合所作出的富有美感并适于工业上应用的新设计。在知识产权的保护对象中,外观设计较为特殊。作为一种发明,它可以受到《专利法》的保护;当它在市场上获得显著性或第二含义后,又可以作为商标得到《商标法》的保护,或作为商品外观得到《中华人民共和国反不正当竞争法》(以下简称《反不正当竞争法》)

的保护。

外观设计是关于产品外表的装饰性或艺术性的设计。这种设计可以是平面图案,也可以是立体造型,或者是两者的结合。一般而言,它具有下述特点。

首先,只有与产品相结合的外观设计才是我国《专利法》意义上的外观设计,其载体应当是产品。不能重复生产的手工艺品、农产品、畜产品、自然物不能作为外观设计的载体。

构成外观设计的是产品的外观设计要素或要素的结合,其中包括形状、图案或其结合以及色彩与形状、图案的结合。产品的色彩不能独立构成外观设计,除非产品色彩变化的本身已形成一种图案。可以构成外观设计的组合有:产品的形状,产品的图案,产品的形状和图案,产品的形状和色彩,产品的图案和色彩,产品的形状、图案和色彩。

形状,是指对产品造型的设计,也就是指产品外部的点、线、面的移动、变化、组合而呈现的外表轮廓,即对产品的结构、外形等同时进行设计、制造的结果。

图案,是指任何由线条、文字、符号、色块的排列或组合而在产品的表面构成的图形。图案可以通过绘图或其他能够体现设计者的图案设计构思的手段制作。产品的图案应当是固定、可见的,而不应是时有时无的或者需要在特定的条件下才能看见的。

色彩,是指用于产品上的颜色或者颜色的组合,制造该产品所用材料的本色不是外观设计的色彩。

形状、图案、色彩三要素是相互依存的,有时其界限是难以界定的,例如,多种色块的搭配即成图案。

其次,能给人以美的享受,即"富有美感"。授予外观设计专利的目的主要是促进商品外观的改进,既增强竞争能力,又美化人民生活。随着国际市场的扩大、国内外市场竞争的日趋激烈和人民生活水平的不断提高,对产品的外观设计给予有效保护的必要性已变得更为突出。这是因为改善外观设计与促进商品销售有着密不可分的关系,当产品的质量和性能相同时,外观设计的好坏能直接影响消费者的选择,影响产品的销售量。事实证明,一个企业可能因为快速、大量生产在外观上适合公众爱好的产品而获得显著的经济效益。反之,产品将难于销售。正因为如此,工业界和各国政府都在努力加强对产品外观设计的保护。

最后,外观设计必须适合在工业上应用,也就是能够为生产经营目的而制造,如果产品的形状或图案不能用工业的方法复制出来,或者不能达到批量生产的要求,就不是我国《专利法》意义上的外观设计。

需要指出的是,外观设计专利和实用新型专利在专利取得的程序和方式、《专利权》的保护期限等方面均有相同之处,其均是发明人、设计人对产品所作出的发明创造,但两者仍有不同之处。

第一,外观设计专利是保护产品外表,不涉及产品本身的技术性能;实用新型专利保护的范围既涉及产品的外形和外部结构,也涉及产品的内部构造。

第二,外观设计的目的是利用美学原理达到美感效果,不重视技术效果;实用新型作为一种技术方案,旨在实现一定的技术效果。

第三,外观设计把产品作为载体,仅对其外表进行独特设计;实用新型的创造性方案与产品本身融为一体,体现于产品本身。

第四,实用新型产品必须以固定的立体形态存在,外观设计产品既可以是立体的,也可以是平面的。

四、专利权客体的排除

考虑到国家和社会的利益,我国《专利法》对专利保护的范围做了某些限制性规定。

(一)违反法律、社会公德或妨害公共利益的发明创造

国家法律,是指由全国人民代表大会或者全国人民代表大会常务委员会依照立法程序制定和颁布的法律。它不包括行政法规和规章。发明创造本身的目的与国家法律相违背的,不能被授予专利权。例如,用于赌博的设备、机器或工具,吸毒的器具等不能被授予专利权。发明创造本身

的目的并没有违反国家法律,但是由于被滥用而违反国家法律的,则不属此列。

(二)科学发现

科学发现是指对自然界中客观存在的现象、变化过程及其特性和规律的揭示。科学理论是对自然界认识的总结,是更为广义的发现。它们都属于人们认识的延伸。这些被认识的物质、现象、过程、特性和规律不同于改造客观世界的技术方案,不是《专利法》意义上的发明创造,因此不能被授予专利权。

(三)智力活动的规则和方法

智力活动,是指人的思维运动,它源于人的思维,经过推理、分析和判断产生出抽象的结果,或者必须经过人的思维运动作为媒介才能间接地作用于自然产生结果,它仅是指导人们对信息进行思维、识别、判断和记忆的规则和方法,由于其没有采用技术手段或者利用自然法则,也未解决技术问题和产生技术效果,因而不构成技术方案。例如,交通行车规则、各种语言的语法、速算法或口诀、心理测验方法、各种游戏的规则和方法、乐谱、食谱、棋谱、计算机程序本身等。

(四)疾病的诊断和治疗方法

疾病的诊断和治疗方法,是指以有生命的人或者动物为直接实施对象,进行识别、确定或消除病因、病灶的过程。将疾病的诊断和治疗方法排除在专利保护范围之列,是出于人道主义的考虑和社会伦理的原因,医生在诊断和治疗过程中应当有选择各种方法和条件的自由。另外,这类方法直接以有生命的人体或动物体为实施对象,理论上认为不属于产业,无法在产业上利用,不属于《专利法》意义上的发明创造。例如,诊脉法、心理疗法、按摩、为预防疾病而实施的各种免疫方法、以治疗为目的的整容或减肥等。但是药品或医疗器械可以申请专利。

(五)动物和植物品种

动物和植物是有生命的个体。其生长、繁殖,受温度、水土和光照等自然条件的影响。动植物与发明创造具有本质区别,其保护与《专利法》

上的保护意义完全不同。但动物和植物品种的生产方法,可以依照《专利法》的规定授予专利权。

(六)用原子核变换方法获得的物质

用原子核变换方法获得的物质主要是指用加速器、反应堆,以及其他核反应装置制造的各种放射性同位素。原子核变换方法以及用该方法所获得的物质关系到国防、科研和原子能工业的重大利益,不宜为他人所垄断。我国《专利法》规定,原子核变换方法获得的物质不授予专利权,获得这种物质的方法也不授予专利权。

第四节　专利权的内容和限制

一、专利权人的权利

(一)禁止权

1.产品发明专利和实用新型专利的禁止权

产品发明和实用新型专利权被授予后,除了《专利法》规定的专利权侵权行为的例外以及专利权的强制许可使用、计划许可使用等情况外,任何单位或者个人未经专利权人许可,都不得实施其专利,即不得为生产经营目的制造、使用、许诺销售、销售、进口其专利产品。

(1)禁止他人未经许可,为生产经营目的制造专利产品。禁止他人制造专利产品,对于保护专利权人的利益是非常必要的。不管如何制造,制造多少,也不管制造是否生产出实用的产品,只要未经专利权人许可而以生产经营为目的的制造,专利权人均有权制止。擅自制造的产品可以是一件独立的专利产品,也可以是产品中某个获得专利保护的部件。

(2)禁止他人未经许可,为生产经营目的使用专利产品。

(3)禁止他人未经许可,为营利目的许诺销售专利产品。

(4)禁止他人未经许可,为营利目的销售专利产品。

(5)禁止他人未经许可,为生产经营目的进口专利产品。

进口权所禁止的是他人为生产经营目的进口专利产品的行为。赋予专利权人以进口权，可以有效地防止专利产品的平行进口。

2.方法专利的禁止权

对于方法专利来说，不得未经方法专利权人的许可，以生产经营目的使用其专利方法；也不得以生产经营目的，使用、许诺销售、销售、进口依照该专利方法直接获得的产品。由此可见，对于方法专利的保护，不仅限于方法专利本身，还延及依照该方法专利而直接获得的产品。

3.外观设计专利的禁止权

外观设计专利权被授予后，任何单位或者个人未经专利权人许可，都不得实施其专利，即不得为生产经营目的制造、许诺销售、销售、进口其外观设计专利产品。

(二)转让专利的权利

中国单位或者个人向外国人转让专利申请权或者专利权的，必须经国务院对外经济贸易主管部门会同国务院科学技术行政部门批准。转让专利申请权或者专利权的，当事人应当订立书面合同，并向国务院专利行政部门登记，由国务院专利行政部门予以公告。专利申请权或者专利权的转让自登记之日起生效。

(三)实施许可权

专利权人享有实施许可权，即任何单位或者个人实施专利权人的专利时，应当与专利权人订立书面实施许可合同，并向专利权人支付专利使用费。被许可人无权允许合同规定以外的任何单位或者个人实施该专利。专利权的实施许可合同无需专利行政部门登记并公告，但是，专利权人与他人订立的专利实施许可合同，应当自合同生效之日起3个月内向国务院专利行政部门备案。

行使共有的专利申请权或者专利权应当取得全体共有人的同意。专利申请权或者专利权的共有人对权利的行使有约定的，从其约定。没有约定的，共有人可以单独实施或者以普通许可方式许可他人实施该专利；许可他人实施该专利的，收取的使用费应当在共有人之间分配。

(四)使用专利标记的权利

标注专利标记和专利号的,应当标明:采用中文标注专利权的类别,例如,中国发明专利、中国实用新型专利、中国外观设计专利。国家知识产权局授予专利权的专利号,其中"ZL"表示"专利",第一、二位数字表示提交专利申请的年代,第三位数字表示专利类别,第四位以后为流水号和计算机校验位。

除上述内容之外,标注者可以附加其他文字、图形标记,但附加的文字、图形标记及其标注方式不得误导公众。

专利号是指被批准的专利的编号。在产品或其包装上标明专利标记或专利号,是专利权人的权利,专利人可以在产品或其包装上标明专利标记和专利号,也可以不标明专利标记和专利号,不标记不影响专利权受到保护。

在授予专利权之后的专利权有效期内,专利权人或者经专利权人同意享有专利号、专利标记标注权的专利实施许可合同的被许可人可以在其专利产品、依照专利方法直接获得的产品或者该产品的包装上标注专利标记和专利号。

二、专利权人的义务

(一)缴纳专利年费

专利权人最主要的义务是按时缴纳专利年费。申请人办理登记手续时,应当缴纳专利登记费、公告印刷费和授予专利权当年的年费。期满未缴纳费用的,视为未办理登记手续。以后的年费应当在前1年前1个月内预缴。

专利权人未按时缴纳授予专利权当年以后的年费或者缴纳的数额不足的,国务院专利行政部门应当通知专利权人自应当缴纳年费期满之日起6个月内补缴,同时缴纳滞纳金;滞纳金的金额按照每超过规定的缴费时间1个月,加收当年全额年费的5%计算;期满未缴纳的,专利权自应当缴纳年费期满之日起终止。

当事人因不可抗拒的事由而延误《专利法》或者《专利法实施细则》规定的期限或者国务院专利行政部门指定的期限,导致其权利丧失的,自障碍消除之日起 2 个月内,最迟自期限届满之日起 2 年内,可以向国务院专利行政部门请求恢复权利。当事人因其他正当理由延误《专利法》或者《专利法实施细则》规定的期限或者国务院专利行政部门指定的期限,导致其权利丧失的,可以自收到国务院专利行政部门的通知之日起 2 个月内向国务院专利行政部门请求恢复权利。当事人请求恢复权利的,应当提交恢复权利请求书,说明理由,必要时附具有关证明文件,并办理权利丧失前应当办理的相应手续,并缴纳恢复权利请求费。这是《专利法实施细则》确定的专利权请求恢复程序。当事人请求延长国务院专利行政部门指定的期限的,应当在期限届满前,向国务院专利行政部门说明理由并办理有关手续。

申请人或者专利权人缴纳《专利法实施细则》规定的各种费用有困难的,可以按照规定向国务院专利行政部门提出减缴或者缓缴的请求。减缴或者缓缴的办法由国务院财政部门会同国务院价格管理部门、国务院专利行政部门规定。

(二)实施专利的义务

专利实施并不一定由专利权人独立进行,专利权人自己没有实施条件的,可以许可他人实施。在我国,实施专利既是专利权人的权利,也是专利权人的义务。这样,有利于促使专利权人更快地将发明创造应用于生产当中。

三、专利权的期限和终止

(一)专利权的期限

发明专利权的期限为 20 年,实用新型专利权的期限为 10 年,外观设计专利权的期限为 15 年,均自申请日起计算。

在此,应当注意到专利权的生效时间和专利权期限的起算时间有所不同。发明专利申请经实质审查没有发现驳回理由的,由国务院专利行政部门作出授予发明专利权的决定,发给发明专利证书,同时予以登记和公告。发明专利权自公告之日起生效。实用新型和外观设计专利申请经初步审查没有发现驳回理由的,由国务院专利行政部门作出授予实用新型专利权或者外观设计专利权的决定,发给相应的专利证书,同时予以登记和公告。实用新型专利权和外观设计专利权自公告之日起生效。专利权期限的起算时间则提前至专利申请之日,从而使得一项专利的申请时间也被计入专利权保护期限之内,这一规定有利于促使专利权人尽快实施专利。

自发明专利申请日起满 4 年,且自实质审查请求之日起满 3 年后授予发明专利权的,国务院专利行政部门应专利权人的请求,就发明专利在授权过程中的不合理延迟给予专利权期限补偿,但由申请人引起的不合理延迟除外。

为补偿新药上市审评审批占用的时间,对在中国获得上市许可的新药相关发明专利,国务院专利行政部门应专利权人的请求给予专利权期限补偿。补偿期限不超过 5 年,新药批准上市后总有效专利权期限不超过 14 年。

(二)专利权的终止

专利权的终止可以分为因专利权期限届满而终止、专利权期限届满前终止两种情况。因专利权期限届满而终止是最常见的专利权终止原因,在下列三种情况下,专利权在期限届满之前可以终止。

第一,没有按照规定缴纳年费,而被提前终止。

第二,专利权被他人提出异议,并被国家知识产权局宣告无效而提前终止。

第三,专利权人以书面声明放弃其专利权而提前终止。

专利权人声明放弃专利权,应以书面声明形式作出。若专利已被许可使用,放弃专利权应当征得被许可人的同意,被许可人不同意放弃专利权的,可以以专利权人的名义代缴年费。专利权在期限届满前终止的,由国务院专利行政部门登记和公告。

第五节　专利权的保护与维权

一、专利权的保护范围

(一)发明和实用新型的保护范围

欲保护专利权,首先应当明确一项获得专利权的发明或实用新型的保护范围。专利权的保护范围,是指专利权效力所及的发明创造成果的技术范围,也就是某一专利所包含的全部必要技术特征。在专利法发展的历程上,产生了如下三种确定专利权保护范围的标准。

1. 周边限定原则

周边限定原则是指专利权的保护范围仅限于权利要求书中纯文字描述的对象,权利要求书中的文字记载是专利权最大限度的保护范围。根据这一原则,专利权的保护范围,应当根据权利要求书的文字严格地、忠实地进行解释,权利要求书所记载的范围就是专利保护的最大限度。

2. 中心限定原则

中心限定原则是指专利权的保护范围可以不拘泥于权利要求书的文字记载,而是以权利要求书作为中心,保护范围可以扩大到本领域技术人员仔细研究说明书和附图后,认为可以包括的范围。根据这一原则,权利要求书是专利保护的范围,但在解释权利要求书时,不完全拘泥于权利要求书的文字记载,而应该以权利要求书作为中心,全面考虑发明的目的、性质以及说明书和图纸,将中心四周一定范围内的技术也包括在专利保护的范围以内。这就造成对于专利权的保护范围会扩大,对于专利权的保护更为严密,但过分保护专利权也会使得社会公众动辄得咎。目前,以德国为代表的大陆法国家采取这种原则。

3. 折中原则

折中原则,又称主题内容限定原则,是指专利权的保护范围根据权利要求书记载的内容确定,说明书和附图可以用来解释权利要求。为了克服周边限定原则和中心限定原则的弊端,《欧洲专利公约》确立了折中原则。这一原则目前为许多国家所采纳,用于作为确定专利权保护范围的标准。我国也采取这个原则,即《专利法》第六十四条规定,发明或者实用新型专利权的保护范围以其权利要求的内容为准,说明书及附图可以用于解释权利要求的内容。

"发明或者实用新型专利权的保护范围以其权利要求的内容为准,说明书及附图可以用于解释权利要求",是指专利权的保护范围应当以权利要求书中明确记载的必要技术特征所确定的范围为准,也包括与该必要技术特征相等同的特征所确定的范围。等同特征是指与所记载的技术特征以基本相同的手段,实现基本相同的功能,达到基本相同的效果,并且本领域的普通技术人员无需经过创造性劳动就能够联想到的特征。

在人民法院确定专利权的保护范围时,独立权利要求的前序部分、特征部分以及从属权利要求的引用部分、限定部分记载的技术特征均有限定作用。人民法院对于权利要求的解释,应当符合专利的发明目的。

在确定保护范围时,应以独立权利要求来确定保护范围,从属权利要求是对独立权利要求的限定和具体化,独立权利要求所确定的最大保护范围已经涵盖了从属权利要求的保护范围。但若本应写入独立权利要求的必要技术特征,实际写入了从属权利要求中,在确定保护范围时,应将从属权利要求中所包含的这部分技术内容考虑进去。

人民法院应当根据权利人主张的权利要求,依据《专利法》的规定确定专利权的保护范围。权利人在一审法庭辩论终结前变更其主张的权利要求的,人民法院应当准许。

权利人主张以从属权利要求确定专利权保护范围的,人民法院应当以该从属权利要求记载的附加技术特征及其引用的权利要求记载的技术特征,确定专利权的保护范围。

人民法院应当根据权利要求的记载,结合本领域普通技术人员阅读说明书及附图后对权利要求的理解,确定《专利法》规定的权利要求的内容。人民法院对于权利要求,可以运用说明书及附图、权利要求书中的相关权利要求、专利审查档案进行解释。说明书对权利要求用语有特别界定的,从其特别界定。以上述方法仍不能明确权利要求含义的,可以结合工具书、教科书等公知文献以及本领域普通技术人员的通常理解进行解释。权利要求书、说明书及附图中的语法、文字、标点、图形、符号等存有歧义,但本领域普通技术人员通过阅读权利要求书、说明书及附图可以得出唯一理解的,人民法院应当根据该唯一理解予以认定。

人民法院可以运用与涉案专利存在分案申请关系的其他专利及其专利审查档案、生效的专利授权确权裁判文书解释涉案专利的权利要求。专利审查档案,包括专利审查、复审、无效程序中专利申请人或者专利权人提交的书面材料,国务院专利行政部门及其专利复审委员会制作的审查意见通知书、会晤记录、口头审理记录、生效的专利复审请求审查决定书和专利权无效宣告请求审查决定书等。

对于仅在说明书或者附图中描述而在权利要求中未记载的技术方案,权利人在侵犯专利权纠纷案件中将其纳入专利权保护范围的,人民法院不予支持。

权利要求书有 2 项以上权利要求的,权利人应当在起诉状中载明据以起诉被诉侵权人侵犯其专利权的权利要求。起诉状对此未记载或者记载不明的,人民法院应当要求权利人明确。经释明,权利人仍不予明确的,人民法院可以裁定驳回起诉。

(二)外观设计的保护范围

外观设计专利权的保护范围以表示在图片或者照片中的该外观设计专利产品为准。对外观设计的简要说明可以用于理解该外观设计的保护范围。

外观设计专利权人在侵权诉讼中,应当提交其外观设计的"设计要点图",说明其外观设计保护的独创部位及内容;专利权人在申请外观设计专利时已向国家知识产权局提交"设计要点图"的,专利档案可以作为认定外观设计要点的证据。

外观设计专利权请求保护色彩的,应当将请求保护的色彩作为限定该外观设计专利权保护范围的要素之一,即在侵权判定中,应当将其所包含的形状、图案、色彩及其组合与被控侵权产品的形状、图案、色彩及其组合进行逐一对比。

此外,外观设计专利权的保护范围应当将下列两项内容排除在外:外观设计专利权的保护范围不得延及该外观设计专利申请日或者优先权日之前已有的公知设计内容;外观设计专利权的保护范围应当排除仅起功能、效果作用,而消费者在正常使用中看不见或者不对产品产生美感作用的设计内容。

(三)功能性限定

功能性特征是指对于结构、组分、步骤、条件或其之间的关系等,通过其在发明创造中所起的功能或者效果进行限定的技术特征,但本领域普通技术人员仅通过阅读权利要求即可直接、明确地确定实现上述功能或者效果的具体实施方式的除外。

通常,对产品权利要求来说,应当尽量避免使用功能或者效果特征来限定发明。只有在某一技术特征无法用结构特征来限定,或者技术特征用结构特征限定不如用功能或效果特征来限定更为恰当,而且该功能或者效果能通过说明书中规定的实验或者操作或者所属技术领域的惯用手段直接和肯定地验证的情况下,使用功能或者效果特征来限定发明才可能是允许的。

对于权利要求中所包含的功能性限定的技术特征,应当理解为覆盖了所有能够实现所述功能的实施方式。对于含有功能性限定的特征的权利要求,应当审查该功能性限定是否得到说明书的支持。如果权利要求中限定的功能是以说明书实施例中记载的特定方式完成的,并且所属技术领域的技术人员不能明了此功能还可以采用说明书中未提到的其他替代方式来完成,或者所属技术领域的技术人员有理由怀疑该功能性限定所包含的一种或几种方式不能解决发明或者实用新型所要解决的技术问题,并达到相同的技术效果,则权利要求中不得采用覆盖了上述其他替代方式或者不能解决发明或实用新型技术问题的方式的功能性限定。

对于权利要求中以功能或者效果表述的技术特征,人民法院应当结合说明书和附图描述的该功能或者效果的具体实施方式及其等同的实施方式,确定该技术特征的内容。

二、专利侵权行为的种类

发明和实用新型专利权被授予后,任何单位或者个人未经专利权人许可,都不得实施其专利,即不得为生产经营目的制造、使用、许诺销售、销售、进口其专利产品,或者使用其专利方法以及使用、许诺销售、销售、进口依照该专利方法直接获得的产品。许诺销售,是指以做广告、在商店橱窗中陈列或者在展销会上展出等方式作出销售商品的意思表示。

被诉侵权人为私人消费目的实施发明创造的,应当认定不属于为生产经营目的。

对于方法专利来说,不仅未经许可而使用方法专利构成侵权,使用、许诺销售、销售、进口依照方法专利而直接获得的产品,同样也构成侵权。对于使用专利方法获得的原始产品,人民法院应当认定为《专利法》第十一条规定的依照专利方法直接获得的产品。将上述原始产品进一步加工、处理而获得的后续产品,即以该原始产品作为中间部件或原材料,加工、处理成为其他的后续产品,应当认定属于使用依照该专利方法直接获得的产品。对上述后续产品的进一步加工、处理,不属于使用依照该专利方法所直接获得的产品的行为。

此外,专利侵权行为还包括假冒他人专利的行为。下列行为属于假冒专利的行为。

第一,在未被授予专利权的产品或者其包装上标注专利标识,专利权被宣告无效或终止后继续在产品或者其包装上标注专利标识,或者未经许可在产品或产品包装上标注他人的专利号。

第二,销售第一项所述产品。

第三,在产品说明书等材料中将未被授予专利权的技术或者设计称为专利技术或者专利设计,将专利申请称为专利,或者未经许可使用他人的专利号,使公众将所涉及的技术或者设计误认为是专利技术或者专利设计。

第四,伪造或者变造专利证书、专利文件或者专利申请文件。

第五,其他使公众混淆,将未被授予专利权的技术或者设计误认为是专利技术或者专利设计的行为。

专利权终止前依法在专利产品、依照专利方法直接获得的产品或者其包装上标注专利标识,在专利权终止后许诺销售、销售该产品的,不属于假冒专利行为。

外观设计专利权被授予后,任何单位或者个人未经专利权人许可,都不得实施其专利,即不得为生产经营目的制造、许诺销售、销售、进口其外观设计专利产品。

三、专利侵权行为的判断

(一)侵权发明和实用新型专利行为的判断

在进行侵权判定时,应当以专利权利要求中记载的技术方案的全部必要技术特征与被控侵权物(产品或方法)的全部技术特征逐一进行对应比较。人民法院判定被诉侵权技术方案是否落入专利权的保护范围时,应当审查权利人主张的权利要求所记载的全部技术特征。在进行比较和具体判断时,为了便于分析,可以把被控侵权物的技术特征与专利技术的内容分解成若干必要的技术特征,逐一进行分析比较,以得出是否侵权的结论。

人民法院判定被诉侵权技术方案是否落入专利权的保护范围,一般应当对专利技术方案以及被诉侵权技术方案进行技术特征的分解,并在此基础上进行相应技术特征的对比。技术特征,是指技术方案中能够相对独立地实现一定的技术功能,并产生相对独立的技术效果的最小技术单元。

1.侵权判断方法

在进行比较后,可能出现如下几种情况。

（1）必要技术特征完全相同——侵权成立。这种情况又叫做全面覆盖、相同性侵权或直接仿制。全面覆盖，是指被控侵权物（产品或方法）将专利权利要求中记载的技术方案的必要技术特征全部再现，被控侵权物（产品或方法）与专利独立权利要求中记载的全部必要技术特征一一对应并且相同。如果权利要求的必要技术特征在被控侵权的产品或方法中全部对应存在，被控侵权物全面覆盖了专利所保护的发明的全部必要技术特征，那么被控侵权物落入专利保护范围，构成侵权。

（2）增加一项以上必要技术特征——侵权成立。侵权物的技术特征与专利的技术特征相比，不仅包含了权利要求书的全部必要技术特征，而且还增加了新的技术特征。这种情况下，仍应认定为侵权。被控侵权物（产品或方法）在利用专利权利要求中的全部必要技术特征的基础上，又增加了新的技术特征，仍落入专利权的保护范围。

（3）部分必要技术特征不相同，但不相同部分属于等同替代——侵权成立。这种情况又叫作等同替代、等同物替代。等同原则，是指被控侵权物（产品或方法）中，有一个或者一个以上技术特征经与专利独立权利要求保护的技术特征相比，从字面上看不相同，但经过分析可以认定两者是相等同的技术特征。这种情况下，应当认定被控侵权物（产品或方法）落入了专利权的保护范围。因为专利权的保护范围，不仅包括专利权利要求书字面所述的技术特征，也包括与专利独立权利要求中必要技术特征相等同的技术特征所确定的范围。

等同特征，是指与所记载的技术特征以基本相同的手段，实现基本相同的功能，达到基本相同的效果，并且本领域普通技术人员在被诉侵权行为发生时无需经过创造性劳动就能够联想到的特征。被控侵权物（产品或方法）中，同时满足以下两个条件的技术特征，是专利权利要求中相应技术特征的等同物：①被控侵权物中的技术特征与专利权利要求中的相应技术特征相比，以基本相同的手段，实现基本相同的功能，产生了基本相同的效果；②对该专利所属领域普通技术人员来说，通过阅读专利权利要求和说明书，无需经过创造性劳动就能够联想到的技术特征。

适用等同原则判定侵权,仅适用于被控侵权物(产品或方法)中的具体技术特征与专利独立权利要求中相应的必要技术特征是否等同,而不适用于被控侵权物(产品或方法)的整体技术方案与独立权利要求所限定的技术方案是否等同。

此外,判断替代手段是否为等效手段,应当注意:结合该专利要实现的目的来分析,如对于发明目的的实现具有创新效果,则不是等同替代;进行等同侵权判断,应当以该专利所属领域的普通技术人员的专业知识水平为准,而不应以所属领域的高级技术专家的专业知识水平为准。应以所属领域的技术人员的技术水平来分析,如技术人员不是显而易见,需要创新的技术特征,则不是等同替代。

运用等同原则断定侵权主要有以下几种情形。

第一,产品的部件位移或方法步骤的顺序变换中,个别部件之间的相互关系与原告专利权利要求中记载的相同部件之间的结构关系有所不同,但在作用、功能或效果上没有本质的不同。

第二,在权利要求中记载的一个或几个技术构成,在被控侵权的产品或方法中也存在一个或几个在目的、作用和效果上基本相同的技术构成,并且对于所属领域的普通技术人员应当是知道的。

第三,分解或合并技术特征,如果其目的、作用和效果没有本质的不同,则应确认侵权。

第四,对于故意省略专利权利要求中个别必要技术特征,使其技术方案成为在性能和效果上均不如专利技术方案优越的变劣技术方案,而且这一变劣技术方案明显是由于省略该必要技术特征造成的,应当适用等同原则,认定构成侵犯专利权。

(4)缺少一个或几个必要技术特征——不构成侵权。所谓必要的技术特征,是指缺少一项将不能完成发明的技术任务。因此,缺少一项或几项必要技术特征,被控侵权产品依然能够成立,则显然被控侵权产品的发明人有自己独特的设计思路,不构成侵权。

(5)有一个或几个必要技术特征不相等——不构成侵权。其必要技术特征有一项以上不相等且不属于等同物替代,则不构成侵权。

（6）专利侵权纠纷涉及新产品制造方法的发明专利的,制造同样产品的单位或者个人应当提供其产品制造方法不同于专利方法的证明。产品或者制造产品的技术方案在专利申请日以前为国内外公众所知的,人民法院应当认定该产品不属于新产品。

专利方法制造的产品不属于新产品的,侵害专利权纠纷的原告应当举证证明下列事实:①被告制造的产品与使用专利方法制造的产品属于相同产品;②被告制造的产品经由专利方法制造的可能性较大;③原告为证明被告使用了专利方法尽到合理努力。

原告完成前款举证后,人民法院可以要求被告举证证明其产品制造方法不同于专利方法。

（7）标准必要专利。推荐性国家、行业或者地方标准明示所涉必要专利的信息,被诉侵权人以实施该标准无需专利权人许可为由抗辩不侵犯该专利权的,人民法院一般不予支持。

推荐性国家、行业或者地方标准明示所涉必要专利的信息,专利权人、被诉侵权人协商该专利的实施许可条件时,专利权人故意违反其在标准制定中承诺的公平、合理、无歧视的许可义务,导致无法达成专利实施许可合同,且被诉侵权人在协商中无明显过错的,对于权利人请求停止标准实施行为的主张,人民法院一般不予支持。

标准必要专利的实施许可条件,应当由专利权人、被诉侵权人协商确定。经充分协商,仍无法达成一致的,可以请求人民法院确定。人民法院在确定上述实施许可条件时,应当根据公平、合理、无歧视的原则,综合考虑专利的创新程度及其在标准中的作用、标准所属的技术领域、标准的性质、标准实施的范围和相关的许可条件等因素。

法律、行政法规对实施标准中的专利另有规定的,从其规定。

2. 抗辩原则

在判断是否构成专利侵权时,还有两项属于被控侵权人可以提出,并用以对专利权人进行抗辩的原则。

（1）禁止反悔原则。禁止反悔原则是指在专利审批、撤销或无效程序中，专利权人为确定其专利具备新颖性和创造性，通过书面声明或者修改专利文件的方式，对专利权利要求的保护范围作了限制承诺或者部分地放弃了保护，并因此获得了专利权，而在专利侵权诉讼中，法院适用等同原则确定专利权的保护范围时，应当禁止专利权人将已被限制、排除或者已经放弃的内容重新纳入专利权保护范围。专利申请人、专利权人在专利授权或者无效宣告程序中，通过对权利要求、说明书的修改或者意见陈述而放弃的技术方案，权利人在侵犯专利权纠纷案件中又将其纳入专利权保护范围的，人民法院不予支持。权利人证明专利申请人、专利权人在专利授权确权程序中对权利要求书、说明书及附图的限缩性修改或者陈述被明确否定的，人民法院应当认定该修改或者陈述未导致技术方案的放弃。

当等同原则与禁止反悔原则在适用上发生冲突时，即原告主张适用等同原则判定被告侵犯其专利权，而被告主张适用禁止反悔原则判定自己不构成侵犯专利权的情况下，法院应当优先适用禁止反悔原则。专利权人承认某技术特征是已有技术或明确表示放弃请求保护的技术内容，不得对他人的使用或等同替代行为主张侵权。适用禁止反悔原则应当符合以下条件：①专利权人对有关技术特征所作的限制承诺或者放弃必须是明示的，而且已经被记录在专利文档中；②限制承诺或者放弃保护的技术内容，必须对专利权的授予或者维持专利权有效产生了实质性作用。

在适用禁止反悔原则时，也应当注意，人民法院一般不主动适用禁止反悔原则，应当以被告提出请求为前提，并由被告提供原告反悔的相应证据。

（2）现有技术抗辩。在专利侵权纠纷中，被控侵权人有证据证明其实施的技术或者设计属于现有技术或者现有设计的，不构成侵犯专利权。现有技术抗辩，是指在专利侵权诉讼中，被控侵权物（产品或方法）与专利权利要求所记载的专利技术方案等同的情况下，如果被告答辩并提供相应证据，证明被控侵权物（产品或方法）与一项已有技术等同，则被告的行为不构成侵犯原告的专利权。被控侵权物虽然落入了专利权利要求的等同范围,但该等同范围中的技术内容为自由应用的现有技术,则侵权不成立。

对于被诉侵权人主张的现有技术抗辩或者现有设计抗辩,人民法院应当依照专利申请日时施行的《专利法》界定现有技术或者现有设计。用现有技术进行侵权抗辩时,该现有技术应当是一项在专利申请日前已有的、单独的技术方案,或者该领域普通技术人员认为是已有技术的显而易见的简单组合成的技术方案。

被诉侵权人一般只能依据一项现有技术方案或者现有设计主张不侵权抗辩。但是,被诉侵权人举证证明被诉侵权技术方案属于一项现有技术方案与公知常识在专利申请日前是显而易见的组合的,或者被诉侵权设计属于一项现有设计与惯常设计在专利申请日前是显而易见的组合的,人民法院可以认定被诉侵权人的不侵权抗辩成立。

被诉落入专利权保护范围的全部技术特征,与一项现有技术方案中的相应技术特征相同或者无实质性差异的,人民法院应当认定被诉侵权人实施的技术属于现有技术。被诉侵权设计与一个现有设计相同或者无实质性差异的,人民法院应当认定被诉侵权人实施的设计属于现有设计。

(二)外观设计专利侵权的判断

在与外观设计专利产品相同或者相近种类产品上,采用与授权外观设计相同或者近似的外观设计的,人民法院应当认定被诉侵权设计落入外观设计专利权的保护范围。人民法院应当根据外观设计产品的用途,认定产品种类是否相同或者相近。确定产品的用途,可以参考外观设计的简要说明、国际外观设计分类表、产品的功能以及产品销售、实际使用的情况等因素。

人民法院认定外观设计是否相同或者近似,应当从一般消费者的角度全面观察设计特征,综合判断整体视觉效果。被诉侵权设计未包含授权外观设计区别于现有设计的全部设计特征的,人民法院可以推定被诉侵权设计与授权外观设计不近似;被诉侵权设计包含授权外观设计区别于现有设计的全部设计特征的,人民法院可以推定该设计特征对整体视觉效果更具有影响。但是,当事人提出反证推翻上述推定的除外。

一般消费者,是指被诉侵权产品的直接购买者。人民法院在认定一般消费者对于外观设计所具有的知识水平和认知能力时,应当考虑授权外观设计的设计空间,即设计者在创作特定产品外观设计时的自由度。设计空间较大的,一般消费者通常不容易注意到不同设计之间的较小区别;设计空间较小的,一般消费者通常更容易注意到不同设计之间的较小区别。

专利产品的外观设计与被控侵权产品的外观设计是否构成相同或者相近似,应当将两者进行比较。

如果两者的形状、图案、色彩等主要设计部分(要部)相同,则应当认为两者是相同的外观设计。

如果构成要素中的主要设计部分(要部)相同或者相近似,次要部分不相同,则应当认为是相近似的外观设计。

如果两者的主要设计部分(要部)不相同或者不相近似,则应当认为是不相同的或者是不相近似的外观设计。

专利产品的外观设计与被控侵权产品的大小、材质、内部构造及性能,不得作为判定两者是否相同或者相近似的依据。

人民法院认定外观设计是否相同或者近似时,应当根据授权外观设计、被诉侵权设计的设计特征,以及外观设计的整体视觉效果进行综合判断;对于主要由技术功能决定的设计特征以及对整体视觉效果不产生影响的产品的材料、内部结构等特征,应当不予考虑。

下列情形,通常对外观设计的整体视觉效果更具有影响。

第一,产品正常使用时容易被直接观察到的部位相对于其他部位。

第二,授权外观设计区别于现有设计的设计特征相对于授权外观设计的其他设计特征。

被诉侵权设计与授权外观设计在整体视觉效果上无差异的,人民法院应当认定两者相同;在整体视觉效果上无实质性差异的,应当认定两者近似。

人民法院应当以外观设计专利产品的一般消费者的知识水平和认知能力,判断外观设计是否相同或者近似。人民法院在认定一般消费者对于外观设计所具有的知识水平和认知能力时,一般应当考虑被诉侵权行为发生时授权外观设计所属相同或者相近种类产品的设计空间。设计空间较大的,人民法院可以认定一般消费者通常不容易注意到不同设计之间的较小区别;设计空间较小的,人民法院可以认定一般消费者通常更容易注意到不同设计之间的较小区别。

对于成套产品的外观设计专利,被诉侵权设计与其一项外观设计相同或者近似的,人民法院应当认定被诉侵权设计落入专利权的保护范围。

对于组装关系唯一的组件产品的外观设计专利,被诉侵权设计与其组合状态下的外观设计相同或者近似的,人民法院应当认定被诉侵权设计落入专利权的保护范围。

对于各构件之间无组装关系或者组装关系不唯一的组件产品的外观设计专利,被诉侵权设计与其全部单个构件的外观设计均相同或者近似的,人民法院应当认定被诉侵权设计落入专利权的保护范围;被诉侵权设计缺少其单个构件的外观设计或者与之不相同也不近似的,人民法院应当认定被诉侵权设计未落入专利权的保护范围。

对于变化状态产品的外观设计专利,被诉侵权设计与变化状态图所示各种使用状态下的外观设计均相同或者近似的,人民法院应当认定被诉侵权设计落入专利权的保护范围;被诉侵权设计缺少其一种使用状态下的外观设计或者与之不相同也不近似的,人民法院应当认定被诉侵权设计未落入专利权的保护范围。

被诉侵权设计与授权外观设计的差异不足以使一般消费者将两者区分或者两者的差异属于惯常设计或由技术功能唯一决定的设计的,人民法院应当认定两者在整体视觉效果上无实质性差异。

(三)专利间接侵权

明知有关产品系专门用于实施专利的材料、设备、零部件、中间物等,未经专利权人许可,为生产经营目的将该产品提供给他人实施了侵犯专利权的行为,权利人主张该提供者的行为属于帮助他人实施侵权行为的,人民法院应予支持。

明知有关产品、方法被授予专利权,未经专利权人许可,为生产经营目的积极诱导他人实施了侵犯专利权的行为,权利人主张该诱导者的行为属于教唆他人实施侵权行为的,人民法院应予支持。

将侵犯发明或者实用新型专利权的产品作为零部件,制造另一产品的,人民法院应当认定属于《专利法》规定的使用行为;销售该另一产品的,人民法院应当认定属于《专利法》规定的销售行为。

将侵犯外观设计专利权的产品作为零部件,制造另一产品并销售的,人民法院应当认定属于《专利法》规定的销售行为,但侵犯外观设计专利权的产品在该另一产品中仅具有技术功能的除外。

对于上文规定的情形,被诉侵权人之间存在分工合作的,人民法院应当认定为共同侵权。

四、专利权保护方式

加强知识产权保护工作,依法惩治侵犯知识产权和科技成果的违法犯罪行为。在我国涉及专利权侵权纠纷时,管辖机构可以分为行政性和司法性机构两种。未经专利权人许可,实施其专利,即侵犯其专利权,引起纠纷的,由当事人协商解决;不愿协商或者协商不成的,专利权人或者利害关系人可以向人民法院起诉,也可以请求管理专利工作的部门处理。

管理专利工作的部门处理时,认定侵权行为成立的,可以责令侵权人立即停止侵权行为,当事人不服的,可以自收到处理通知之日起 15 日内依照《中华人民共和国行政诉讼法》(以下简称《行政诉讼法》)向人民法院起诉;侵权人期满不起诉又不停止侵权行为的,管理专利工作的部门可以申请人民法院强制执行。进行处理的管理专利工作的部门应当事人的请求,可以就侵犯专利权的赔偿数额进行调解;调解不成的,当事人可以依照《中华人民共和国民事诉讼法》(以下简称《民事诉讼法》)向人民法院起诉。

国务院专利行政部门负责管理全国的专利工作;统一受理和审查专利申请,依法授予专利权。省、自治区、直辖市人民政府管理专利工作的部门负责本行政区域内的专利管理工作。国务院专利行政部门应当对管理专利工作的部门处理专利侵权纠纷、查处假冒专利行为、调解专利纠纷进行业务指导。

所谓管理专利工作的部门,是指由省、自治区、直辖市人民政府以及专利管理工作量大又有实际处理能力的设区的市人民政府设立的管理专利工作的部门。管理专利工作的部门的权限相当广泛,除可以管理专利权侵权纠纷之外,还可以应当事人请求,对专利纠纷进行调解,主要有:专利申请权和专利权归属纠纷;发明人、设计人资格纠纷;职务发明的发明人、设计人的奖励和报酬纠纷;在发明专利申请公布后专利权授予前使用发明而未支付适当费用的纠纷。国务院专利行政部门负责对管理专利工作的部门处理和调解专利纠纷进行业务指导。

管理专利工作的部门根据已经取得的证据,对涉嫌假冒专利行为进行查处时,可以询问有关当事人,调查与涉嫌违法行为有关的情况;对当事人涉嫌违法行为的场所实施现场检查;查阅、复制与涉嫌违法行为有关的合同、发票、账簿以及其他有关资料;检查与涉嫌违法行为有关的产品,对有证据证明是假冒专利的产品,可以查封或者扣押。管理专利工作的部门依法行使前款规定的职权时,当事人应当予以协助、配合,不得拒绝、阻挠。

确定专利权侵权纠纷的行政管辖原则是:当事人请求处理或者调解专利纠纷的,由被请求人所在地或者侵权行为地的管理专利工作的部门管辖。两个以上管理专利工作的部门都有管辖权的专利纠纷,当事人可以向其中一个管理专利工作的部门提出请求;当事人向两个以上有管辖权的管理专利工作的部门提出请求的,由最先受理的管理专利工作的部门管辖。管理专利工作的部门对管辖权发生争议的,由其共同的上级人民政府管理专利工作的部门指定管辖;无共同上级人民政府管理专利工作的部门的,由国务院专利行政部门指定管辖。

管理专利工作的部门应当事人请求,可以对下列专利纠纷进行调解。

第一,专利申请权和专利权归属纠纷。

第二,发明人、设计人资格纠纷。

第三,职务发明创造的发明人、设计人的奖励和报酬纠纷。

第四,在发明专利申请公布后专利权授予前使用发明而未支付适当费用的纠纷。

第五,其他专利纠纷。

对于上文第四项所列的纠纷,当事人请求管理专利工作的部门调解的,应当在专利权被授予之后提出。

在处理专利侵权纠纷过程中,被请求人提出无效宣告请求并被专利复审委员会受理的,可以请求管理专利工作的部门中止处理。管理专利工作的部门认为被请求人提出的中止理由明显不能成立的,可以不中止处理。中止有关程序,是指暂停专利申请的初步审查、实质审查、复审程序,授予专利权程序和专利权无效宣告程序;暂停办理放弃、变更、转移专利权或者专利申请权手续,专利权质押手续以及专利权期限届满前的终止手续等。

当事人因专利申请权或者专利权的归属发生纠纷,已请求管理专利工作的部门调解或者向人民法院起诉的,可以请求国务院专利行政部门中止有关程序。依照前述规定请求中止有关程序的,应当向国务院专利行政部门提交请求书,并附具管理专利工作的部门或者人民法院的写明申请号或者专利号的有关受理文件副本。管理专利工作的部门作出的调解书或者人民法院作出的判决生效后,当事人应当在国务院专利行政部门办理恢复有关程序的手续。自请求中止之日起 1 年内,有关专利申请权或者专利权归属的纠纷未能结案,需要继续中止有关程序的,请求人应当在该期限内请求延长中止。期满未请求延长的,国务院专利行政部门自行恢复有关程序。

除由管理专利工作的部门管理专利权侵权纠纷之外,人民法院也管理专利权侵权纠纷案件。人民法院受理的专利纠纷案件有:专利申请权纠纷案件;专利权权属纠纷案件;专利权、专利申请权转让合同纠纷案件;侵犯专利权纠纷案件;假冒他人专利纠纷案件;发明专利申请公布后、专利权授予前使用费纠纷案件;职务发明创造发明人、设计人奖励、报酬纠纷案件;诉前申请停止侵权、财产保全案件;发明人、设计人资格纠纷案件;不服专利复审委员会维持驳回申请复审决定案件;不服专利复审委员会专利权无效宣告请求决定案件;不服国务院专利行政部门实施强制许可决定案件;不服国务院专利行政部门实施强制许可使用费裁决案件;不服国务院专利行政部门行政复议决定案件;不服管理专利工作的部门行政决定案件;其他专利纠纷案件。

确定司法机关管辖专利权侵权纠纷的原则是:专利纠纷第一审案件,由各省、自治区、直辖市人民政府所在地的中级人民法院和最高人民法院指定的中级人民法院管辖。因侵犯专利权行为提起的诉讼,由侵权行为地或者被告住所地人民法院管辖。侵权行为地包括:被控侵犯发明、实用新型专利权的产品的制造、使用、许诺销售、销售、进口等行为的实施地;专利方法使用行为的实施地,依照该专利方法直接获得的产品的使用、许诺销售、销售、进口等行为的实施地;外观设计专利产品的制造、销售、进口等行为的实施地;假冒他人专利的行为实施地;以及上述侵权行为的侵权结果发生地。

原告仅对侵权产品制造者提起诉讼,未起诉销售者,侵权产品制造地与销售地不一致的,制造地人民法院有管辖权;以制造者与销售者为共同被告起诉的,销售地人民法院有管辖权;销售者是制造者的分支机构,原告在销售地起诉侵权产品制造者制造、销售行为的,销售地人民法院有管辖权。

五、专利侵权行为的法律责任

(一)民事责任

侵犯专利权的赔偿数额按照权利人因被侵权所受到的实际损失或者

侵权人因侵权所获得的利益确定;权利人的损失或者侵权人获得的利益难以确定的,参照该专利许可使用费的倍数合理确定。对故意侵犯专利权,情节严重的,可以在按照上述方法确定数额的 1 倍以上 5 倍以下确定赔偿数额。赔偿数额还应当包括权利人为制止侵权行为所支付的合理开支。

权利人因被侵权所受到的实际损失可以根据专利权人的专利产品因侵权所造成销售量减少的总数乘以每件专利产品的合理利润所得之积计算。权利人销售量减少的总数难以确定的,侵权产品在市场上销售的总数乘以每件专利产品的合理利润所得之积可以视为权利人因被侵权所受到的实际损失。侵权人因侵权所获得的利益可以根据该侵权产品在市场上销售的总数乘以每件侵权产品的合理利润所得之积计算。侵权人因侵权所获得的利益一般按照侵权人的营业利润计算,对于完全以侵权为业的侵权人,可以按照销售利润计算。

权利人的损失、侵权人获得的利益和专利许可使用费均难以确定的,人民法院可以根据专利权的类型、侵权行为的性质和情节等因素,确定给予 3 万元以上 500 万元以下的赔偿。

人民法院依据《专利法》的规定确定侵权人因侵权所获得的利益,应当限于侵权人因侵犯专利权行为所获得的利益;因其他权利所产生的利益,应当合理扣除。

侵犯发明、实用新型专利权的产品系另一产品的零部件的,人民法院应当根据该零部件本身的价值及其在实现成品利润中的作用等因素合理确定赔偿数额。

侵犯外观设计专利权的产品为包装物的,人民法院应当按照包装物本身的价值及其在实现被包装产品利润中的作用等因素合理确定赔偿数额。

被告构成对专利权的侵犯,权利人请求判令其停止侵权行为的,人民法院应予支持,但基于国家利益、公共利益的考量,人民法院可以不判令被告停止被诉行为,而判令其支付相应的合理费用。

权利人因被侵权所受到的实际损失难以确定的,人民法院应当要求权利人对侵权人因侵权所获得的利益进行举证;在权利人已经提供侵权人所获利益的初步证据,而与专利侵权行为相关的账簿、资料主要由侵权人掌握的情况下,人民法院可以责令侵权人提供该账簿、资料;侵权人无正当理由拒不提供或者提供虚假的账簿、资料的,人民法院可以根据权利人的主张和提供的证据认定侵权人因侵权所获得的利益。

权利人、侵权人依法约定专利侵权的赔偿数额或者赔偿计算方法,并在专利侵权诉讼中主张依据该约定确定赔偿数额的,人民法院应予支持。

人民法院根据权利人的请求以及具体案情,可以将权利人因调查、制止侵权所支付的合理费用计算在赔偿数额范围之内。

《最高人民法院关于审理侵犯专利权纠纷案件应用法律若干问题的解释(二)》还规定,侵权人停止实施相关专利会损害社会公共利益或者导致当事人之间的利益严重失衡的,人民法院可以判令侵权人不停止实施行为,并代以支付合理的使用费。

人民法院为确定赔偿数额,在权利人已经尽力举证,而与侵权行为相关的账簿、资料主要由侵权人掌握的情况下,可以责令侵权人提供与侵权行为相关的账簿、资料;侵权人不提供或者提供虚假的账簿、资料的,人民法院可以根据权利人的主张和提供的证据判定赔偿数额。权利人主张依据最高法定标准确定赔偿数额,侵权人提供证据证明权利人因被侵权所受到的实际损失、侵权人因侵权所获得的利益或者合理的专利许可使用费,且权利人不能提供反证推翻的,人民法院可以根据侵权人提供的证据确定赔偿数额;侵权人未提供上述证据的,人民法院可以依照最高法定标准的规定确定赔偿数额。

(二)行政责任

《专利法》规定,假冒专利的,除依法承担民事责任外,由管理专利工作的部门责令改正并予公告,没收违法所得,可以并处违法所得4倍以下的罚款;没有违法所得的,可以处20万元以下的罚款;构成犯罪的,依法追究刑事责任。

下列行为属于《专利法》规定的假冒专利的行为。

第一，在未被授予专利权的产品或者其包装上标注专利标识，专利权被宣告无效后或者终止后继续在产品或者其包装上标注专利标识，或者未经许可在产品或者产品包装上标注他人的专利号。

第二，在产品说明书等材料中将未被授予专利权的技术或者设计称为专利技术或者专利设计，将专利申请称为专利，或者未经许可使用他人的专利号，使公众将所涉及的技术或者设计误认为是专利技术或者专利设计。

第三，伪造或者变造专利证书、专利文件或者专利申请文件。

第四，其他使公众混淆，将未被授予专利权的技术或者设计误认为是专利技术或者专利设计的行为。

当然，以下两种情形属于例外，可以免除相应的行政责任。

第一，专利权终止前依法在专利产品、依照专利方法直接获得的产品或其包装上标注专利标识，在专利权终止后许诺销售、销售该产品的，不属于假冒专利行为。

第二，销售不知道是假冒专利的产品，并且能够证明该产品合法来源的，由专利主管部门责令停止销售，但免除罚款的处罚。

(三)刑事责任

假冒他人专利，涉嫌下列情形之一的，应予立案追诉：非法经营数额在 20 万元以上或者违法所得数额在 10 万元以上的；给专利权人造成直接经济损失在 50 万元以上的；假冒两项以上他人专利，非法经营数额在 10 万元以上或者违法所得数额在 5 万元以上的；其他情节严重的情形。假冒他人专利，情节严重的，处 3 年以下有期徒刑或者拘役，并处或者单处罚金。

(四)临时措施

专利权人或者利害关系人有证据证明他人正在实施或者即将实施侵犯专利权、妨碍其实现权利的行为，如不及时制止将会使其合法权益受到难以弥补的损害的，可以在起诉前依法向人民法院申请采取财产保全、责令作出一定行为或者禁止作出一定行为的措施。

专利权人或者利害关系人有证据证明他人正在实施或者即将实施侵犯其专利权的行为,如不及时制止将会使其合法权益受到难以弥补的损害的,可以在起诉前向人民法院申请采取责令停止有关行为和财产保全的措施。申请人提出申请时,应当提供担保;不提供担保的,驳回申请。人民法院应当自接受申请之时起 48 小时内作出裁定;有特殊情况需要延长的,可以延长 48 小时。裁定责令停止有关行为的,应当立即执行。当事人对裁定不服的,可以申请复议一次;复议期间不停止裁定的执行。申请人自人民法院采取责令停止有关行为的措施之日起 15 日内不起诉的,人民法院应当解除该措施。申请有错误的,申请人应当赔偿被申请人因停止有关行为所遭受的损失。

对于诉前停止侵权措施,应当采取谨慎的态度,严格把握法律条件,慎用诉前停止侵权措施。采取诉前停止侵权措施既要积极又要慎重,既要合理又要有效,要妥善处理有效制止侵权与维护企业正常经营的关系。诉前停止侵权主要适用于事实比较清楚、侵权易于判断的案件,适度从严掌握认定侵权可能性的标准,应当达到基本确信的程度。在认定是否会对申请人造成难以弥补的损害时,应当重点考虑有关损害是否可以通过金钱赔偿予以弥补以及是否有可执行的合理预期。担保金额的确定既要合理又要有效,主要考虑禁令实施后对被申请人可能造成的损失,也可以参考申请人的索赔数额。严格审查被申请人的社会公共利益抗辩,一般只有在涉及公众健康、环保以及其他重大社会利益的情况下才予考虑。要注意防止和规制当事人滥用有关权利。应考虑被诉企业的生存状态,防止采取措施不当使被诉企业生产经营陷入困境。特别是在专利侵权案件中,如果被申请人的行为不构成字面侵权,其行为还需要经进一步审理进行比较复杂的技术对比才能作出判定时,不宜裁定责令诉前停止侵犯专利权;在被申请人依法已经另案提出确认不侵权诉讼或者已就涉案专利提出无效宣告请求的情况下,要对被申请人主张的事实和理由进行审查,慎重裁定采取有关措施。根据案件进展情况,注意依法适时解除诉前停止侵权裁定。加强在诉前停止侵权措施申请错误时对受害人的救济，申请人未在法定期限内起诉或者已经实际构成申请错误，受害人提起损害赔偿诉讼的，应给予受害人应有的充分赔偿。对于为阻碍他人新产品上市等重大经营活动而恶意申请诉前停止侵权措施，致使他人的市场利益受到严重损害的情形，要注意给予受害人充分保护。

为了制止专利侵权行为，在证据可能灭失或者以后难以取得的情况下，专利权人或者利害关系人可以在起诉前依法向人民法院申请保全证据。人民法院采取保全措施，可以责令申请人提供担保；申请人不提供担保的，驳回申请。人民法院应当自接受申请之时起 48 小时内作出裁定；裁定采取保全措施的，应当立即执行。申请人自人民法院采取保全措施之日起 15 日内不起诉的，人民法院应当解除该措施。

人民法院对专利权进行财产保全，应当向国务院专利行政部门发出协助执行通知书，载明要求协助执行的事项，以及对专利权保全的期限，并附人民法院作出的裁定书。对专利权保全的期限一次不得超过 6 个月，自国务院专利行政部门收到协助执行通知书之日起计算。如果仍然需要对该专利权继续采取保全措施的，人民法院应当在保全期限届满前向国务院专利行政部门另行送达继续保全的协助执行通知书。保全期限届满前未送达的，视为自动解除对该专利权的财产保全。人民法院对已经进行保全的专利权，不得重复进行保全。

人民法院对出质的专利权可以采取财产保全措施，质权人的优先受偿权不受保全措施的影响；专利权人与被许可人已经签订的独占实施许可合同，不影响人民法院对该专利权进行财产保全。

(五)诉讼时效

侵犯专利权的诉讼时效为 3 年，自专利权人或者利害关系人知道或者应当知道侵权行为以及侵权人之日起计算。权利人超过 3 年起诉的，如果侵权行为在起诉时仍在继续，在该项专利权有效期内，人民法院应当判决被告停止侵权行为，侵权损害赔偿数额应当自权利人向人民法院起诉之日起向前推算 3 年计算。

发明专利申请公布后至专利权授予前使用该发明未支付适当使用费的,专利权人要求支付使用费的诉讼时效为 3 年,自专利权人知道或者应当知道他人使用其发明之日起计算,但是,专利权人于专利权授予之日前即已知道或者应当知道的,自专利权授予之日起计算。

发明专利申请公布后,申请人可以要求实施其发明的单位或者个人支付适当的费用。权利人诉请在发明专利申请公布日至授权公告日期间实施该发明的单位或者个人支付适当费用的,人民法院可以参照有关专利许可使用费合理确定。

如果发明专利申请公布时申请人请求保护的范围与发明专利公告授权时的专利权保护范围不一致,被诉技术方案均落入上述两种范围的,人民法院应当认定被告在前述所称期间内实施了该发明;被诉技术方案仅落入其中一种范围的,人民法院应当认定被告在前款所称期间内未实施该发明。

(六)不侵权之诉

专利权人针对特定主体发出侵权警告且未在合理期限内依法提起诉讼,正在实施或者准备实施投资建厂等经营活动当事人,受到专利权人有关侵犯专利权等的警告或威胁,被警告人可以提起确认不侵权诉讼,以合理的方式提供了确认所需的资料和信息,主动请求法院确认其行为不构成侵权。

权利人向他人发出侵犯专利权的警告,被警告人或者利害关系人经书面催告权利人行使诉权,自权利人收到该书面催告之日起 1 个月内或者自书面催告发出之日起 2 个月内,权利人不撤回警告也不提起诉讼,被警告人或者利害关系人向人民法院提起请求确认其行为不侵犯专利权的诉讼的,人民法院应当受理。

权利人发布侵权警告或声明,甚至直接向上下游企业发函,宣扬涉嫌侵权人的产品存在涉嫌问题,不仅会导致涉嫌侵权人处于不安、危险或受威胁状态,同时也会使其合法商业利益受到或可能受到损害,影响涉嫌侵权人的正常生产和经营。

　　不侵权之诉的主要功能在于保护受到侵权威胁而处于不稳定地位的一方当事人。如果没有不侵权之诉,潜在的侵权人没有任何机会能够避免来自权利人的威胁。不侵权之诉为侵权人提供了一个经济的抗辩方法,不必始终等待权利人的诉讼行为,而可以直接向法院提出不侵权之诉。不侵权之诉不仅扩大了涉嫌侵权人的诉讼能力,而且对权利人的诉讼构成了一种障碍。此外,不侵权之诉还可以防止潜在的侵权人变成实际侵权人而造成更为严重的后果,因为涉嫌侵权人提出不侵权之诉,就可以防止进一步对权利人造成损害。因此,不侵权之诉可以使双方当事人在遭受重大和不可弥补的损失之前避免损失的发生。

第五章 商标权及其保护与维权

第一节 商标与商标权概述

商标是标识性知识产品的一种,也是传统三大知识产权之一商标权的客体。要研究商标权和有效治理商标的使用行为,就必须清楚商标的本质和规律。

一、商标的概念

同其他知识产品一样,关于商标的定义也有许多,下面还是按照既定的研究路径,从商标的本质和特殊规定性两个方面探讨商标的概念。

(一)商标的历史演绎和本质

1.商标的历史演绎

商标的历史远没有作品和技术那么悠久,远古时代,人类靠狩猎和采摘为生,常常食不果腹,根本没有剩余产品拿出去交换。农耕时代,虽然偶有剩余,产品交换还不是常态,还不能产生"商业"。手工业出现后,生产者生产出加工食品、纺织产品、农业工具等与他人交换生活资料,于是,商业产生了。商业反过来又促进了手工业和农业生产,剩余产品越来越多,拿到市场上交换的产品越来越多。一些产品的生产销售越来越稳定,规模也越来越大,一些产品或生产销售产品的商家在市场上越来越有稳定的声誉,包括产品质量、售后服务、商家信誉等方面。有良好声誉的产品生产者就想把自己的产品与其他产品区别开来,希望自己的产品能够容易识别,进而卖得快、卖得多和卖出好价,于是,产品的标记出现了,这就是商标。紧接着生产商或经营商家的标记也出现了,这就是商号。商标一开始以"标记""纹章""花押""烙印"等名称出现在世人面前,商家的标记则叫"幌子"之类。商标往往与产品生产或销售商家的姓名直接联系,如"吴记""阿三"之类,这与产品生产销售的主体和范围有关。手工业者或早期商人一般都是以家庭为单位从事生产经营的,而且,产品销售范围一般有限,方圆一定范围内就那么几个姓氏或家族,所以,商标的原始形态就与姓氏挂钩了。

工业革命后,工业生产和商业范围非昔日可比,不但产品生产销售者需要把自己的产品与他人的同类产品区别开来,市场上的购买者也需要便捷地把不同的商品提供商区别开来。逐渐地,商标有了包括颜色、语言、数字、字母乃至声音等各种各样的组合,甚至要专门设计,于是,现代意义的商标产生了。而且,商标在法律的护航下声名远扬,跟随商品走向世界。商标也早已有了独立的财产价值,商标本身已经成为可以交易的商品,美誉度和知名度双高的商标往往价值连城。

2. 商标的本质

商标的历史演绎过程告诉我们,商标产生于产品区别的需要,而区别产品本质上是区别产品的声誉,产品的声誉又是产品生产者经营理念和生产过程管理方式的体现和结果,与产品生产者直接相关。所以,一开始,产品区别的最佳方式就是从产品生产主体角度标记产品,商标向购买者提供的就是产品生产者的信息。后来,随着产品销售范围的扩大,生产商大量增加,从生产主体角度区别产品也不容易了,商标逐渐演变和回归为特定产品的标记。

标记特定产品是为了展示产品的特定声誉。产品的特定声誉形成于产品生产者在产品生产过程中特别的生产管理方式,而生产管理方式是包括经营理念、生产技术和质量控制等在内的生产管理方式,本质上是产品生产管理方案的实施过程。所以,商标标记的并不是生产者的身份或自然特征,也不是产品生产技术或产品质量,而是产品生产管理信息,商标的本质就是产品生产管理信息的标记。由于标记不是一个科学术语,它本质上是人类第二信号系统中的符号,只不过,这个符号是来标记产品生产管理信息的,所以,商标的本质是产品生产管理信息的符号。

(二)商标的特殊规定性

商标的本质是产品生产管理信息的符号,但是,并不是所有的产品生产管理信息符号都是商标,比如,牧羊人为了识别羊群在自家羊身上剪出的图案就不是商标,商标还有自己特殊的规定性。

首先,商标具有商业目的性。商标的功能是区别产品,区别产品是为了在市场上得到购买者的识别、认可和购买,所以,商标具有明确的商业使用目的,"商标"的"商"字名副其实。这个目的是作品和技术等知识产品所没有的,也正是这个原因,商标的出现比作品和技术晚得多。因此,商标要在比较稳定的商业领域中产生,只有商品经济产生了,商标才可能产生。

其次,商标具有标记性。符号是人类记录信息的形式,不同的信息就有不同的符号。产品生产管理信息很多,并不是所有的产品生产管理信息的符号记录都是商标,商标也不会随着产品生产管理信息的变化而变化,而只是对产品生产管理信息做个标记。这个标记可能在内容上或形式上都根本不符合产品生产管理信息对应的语言或符号要求,但它可以通过人的认识活动揭示产品的来源、技术、质量、售后服务和信誉等方面的信息。

商标的这两个特殊规定性与商标的本质结合起来,就可以得出商标的定义:商标是标记商品生产管理信息的符号。其中,"商品生产管理信息的符号"是商标的本质和商业目的性的描述,商标的本质是产品生产管理信息的符号,因为其商业目的性,所以用"商品"取代"产品";"标记"一词则是商标标记性的描述。

二、商标的生产劳动和价值

(一)商标的生产劳动

商标是标记商品生产管理信息的符号,符号在人类第二信号系统产生后可以信手拈来,一般无需生产。如过去以姓氏为标记的商标,就是一念之间的事,把姓氏标上去就行了。现如今,有一部分人认为现在的大品牌大多通过文字变形设计商标,即便经过精心设计的商标,也只是单个符号或几个符号的组合,可能会有一定的思想或审美效果,但是,这种精心设计的商标对商品而言也只是标记符号,可以作为作品消费,拥有的是精神消费价值,与商标的价值没有关系。可见,商标本身的生产劳动要么没有,要么与商标价值无关,可以忽略不计。没有生产,也就没有价值;与商标价值无关,也就是不创造商标价值,所以,商标应该是没有价值的,把商标归属为三大类知识产品之一实在难以理解。然而,这显然不是事实,撇开现今动不动就价值几个亿的商标不说,仅仅从逻辑上看,如果商标没有价值,商标就没有存在的必要,就应该没有商标,这个结论是荒谬的。

那么,商标的价值是怎么回事呢? 它是从哪里来的呢? 或者说,产生商标价值的生产劳动是什么呢? 答案只能在被商标标记的对象上。商标作为一种标记性符号,像其他所有标记性符号一样,本身没有实际意义,意义全在于被标记的对象。正如人的名字一样只是一种符号,没有实际意义,有意义的是名字指代的人。物件的名称较之于物件的意义也是这样。所以,既然商标本身没有价值,那么,有价值的只能是被商标标记的对象,即产品的生产管理信息,商标的价值就来自产品的生产管理信息的生产劳动。为了简便起见,下面以"商标信息"指称"被商标标记的产品的生产管理信息"。

1. 管理是商标信息的生产劳动

商标信息是产品的生产管理信息,产生这个信息的只能是生产管理行为,所以,商标信息的生产劳动就是生产管理行为。

管理是为了实现行为目的对行为相关因素在行为过程中的组织、指挥、协调和监督活动。管理的原因和基础是客观世界的系统存在形式,因为系统存在,行为的影响因素不是单一的、单方面的和单时点的,所以,需要统一组织、指挥、协调和监督,需要管理;也因为系统存在,行为的影响因素是关联的和动态的,所以,才可以利用因素之间的关联关系进行组织、指挥、协调和监督,管理才成为可能。管理是基于系统存在的系统的需要,管理是一种基本的社会实践。

手工业产品生产是一个人或少数几个人的行为,看上去不需要管理,也似乎没有管理。但是,在裁缝考虑制作一件上衣的时候,他的头脑中已经开始酝酿管理方案了,在考虑好如何制作的时候,管理方案已经思考成熟。这个管理方案就是什么时间、什么地点、什么工具、什么材料、什么技术、什么能源、什么质量和残次品处理等因素的统筹思考成果。对熟练的裁缝,这些问题几乎不需要思考,那是因为他们曾经多次地思考过,一件上衣的生产管理方案已经被反复使用而已。裁缝制作上衣的过程就是实施管理方案的过程,也就是管理的过程。到了大工业时期,管理逐渐专门化,管理涉及的问题也在不断拓展,管理的方式也在不断革新。当前,管理学已经成为现代社会十分重要的学科。

管理是与生产直接相关的独立的劳动,但不是直接的生产劳动。管理劳动处理的都是信息,管理劳动是一种信息劳动。但是,产品生产管理行为不直接改变产品生产的劳动对象,不直接消耗劳动资料,不直接使用技术,也不直接生产产品,管理费用也不计入产品成本,管理劳动对产品的贡献是"附加值",管理方案就是这个附加值的源头。所以,管理往往伴随着创新,或者也是一种创新。创新是企业家抓住新技术的潜在盈利机会,重新组织生产条件和要素并首次引入生产系统,从而推出新的产品、新的工艺、开辟新的市场、获得新的原材料来源,以及由此而引发的金融变革、组织变革和制度变革。在这个创新概念中就包含着管理这个重要内容。

2. 管理劳动的特点

管理也有合目的性、合理性和生产性(相对于生产管理而言),但是,管理的目的性内容、合理性依据以及生产性对象与技术大有不同。管理的目的不是管理具体的产品,而是提高产品的效益;管理的合理性依据不是产品相关领域的科学,而是管理科学;管理的对象不是单一的产品生产劳动对象信息,而是多因素的动态的系统信息。

管理的生产劳动也有技术的生产劳动四个方面的特点,但是,在每个方面都有所不同。管理生产的劳动对象是产品生产系统的所有因素信息,而技术生产的劳动对象只是产品生产相关的信息;管理生产的劳动资料是管理科学知识,而技术生产的劳动资料是相关产品涉及的科学知识;管理生产的劳动的形象思维广博而系统,技术生产的劳动的形象思维狭窄而单一,但是,比管理的形象思维更加精细;管理的逻辑思维比技术生产的逻辑思维更具有系统性和辩证性,而技术生产的逻辑思维比管理的逻辑思维更加精深。以上不同的结果是:一个劳动的成果是管理,另一个劳动的成果是技术。管理产生商标信息,商标的价值就蕴含在商标信息的生产劳动中。

(二)商标的价值

商标的价值不在于商标本身生产劳动产生的价值,而在于其标记的生产管理信息即商标信息的价值。

1.商标的价值构成

(1)商标市场价值的决定因素

商标市场价值的决定因素有两个:一个是美誉度,另一个是知名度。两个因素都是市场的评价,并共同构成商标的市场评价。其中,美誉度是基础,有了美誉度,知名度会慢慢产生、扩大;知名度是催化剂,可以放大美誉度,包括放大正向美誉度和负向美誉度。用公式表示就是:商标的市场评价=美誉度×知名度。当商标的美誉度为正时,知名度会成倍放大正向美誉度,从而通过扩大美誉度的市场范围放大商标的正向评价,商标的价值就会被正向放大,商品会得到市场的广泛认可。相反,当商标的美誉度为负时,知名度会成倍放大负向美誉度,从而通过扩大美誉度的市场范围放大商标的负向评价,商标的价值就会是负数,商品会被市场普遍抛弃。这就是商标的市场价值现象,这个价值现象反映了商标特殊的价值构成和价值实现方式。

商标的美誉度不是市场对商标本身的评价,而是对商标标记的商品的评价。评价的内容就是商品的品质和与商品相关的服务,而决定商品的品质和与商品相关服务好坏的是生产者的生产管理。因为同样的商品在生产过程中一般会有同样的材料、设备和技术,也就是同样的劳动对象、劳动资料和技术,导致商品品质不同的原因在于对生产要素的使用情况不同,这个要素使用不同的原因又在于对要素使用过程的管理,这个原因对于手工业者和大工业生产者都一样。所以,市场对商品的品质和与商品相关的服务的评价,实际上是对商品生产管理行为的评价。但是,行为无法标记,商标标记的只能是生产管理行为的信息。所以,市场对商标的评价对象和依据是商标标记的商品生产管理信息,即商标信息。

商标的知名度则是市场对商标本身的评价,人们认识一个商品的品质或相关信息往往开始于知道某个商标。所以,商标的知名度不是商品的知名度,也不是商家的知名度,而仅仅是商标的知名度。知名度来自传播,传播可以通过自然媒介,即通过产品使用者传播,"酒香不怕巷子深"依靠的就是这种传播模式;也可以通过人为推广媒介,即通过专门媒体传播,现代媒体中的各种广告采用的就是这种模式。由于现代市场经济竞争激烈,现代商标的知名度基本上都是通过现代媒体推广模式获得,商标推广成为商品推销的基本方式。既然商标的知名度主要来源于商标推广,那么,商标推广行为就是商标价值的一个重要来源。同商标并不标记生产管理行为一样,商标也不标记推广行为,而只是标记推广行为信息,所以,对商标知名度评价的主要对象和依据是推广行为信息。当然,推广行为信息包括推广的媒体、范围、受众、时长、经费投入等。

据此,从商标市场价值的决定因素向创造价值的源头追溯,可以得出商标价值是由商品的生产管理和商标推广两个行为创造的。只不过,这两个行为都以信息形式被商标标记,商标的价值实际上是商品的生产管理和商标推广两个行为创造的价值。而且,商标的价值并不是这两个行为创造的价值之和,而是它们的乘积,这就是商标的特殊的价值构成。

商品的生产管理和商标推广虽然分别产生和对应着商标价值评价的美誉度和知名度两个不同的参数,但是,这两个行为并不是并列的关系,而是从属关系。从管理学角度看,商标推广、商品推广或商业推广都是管理行为的一种,都是实现商品价值、协调商品与市场的关系的行为。这个关系也反映在财务上,在会计科目中推广费用也属于管理费用范畴。所以,虽然由于这两个行为对商标价值的不同贡献而被分开讨论,商标的价值还是属于包括推广行为在内的商品的生产管理行为创造的。它们反映在商标信息上,商标信息再被商标标记,就实现了由生产管理行为向商标价值的转化。

(2)管理方案与管理和商标信息的关系

这里有必要讨论一下管理方案与生产管理劳动和商标信息的关系,因为管理方案已经越来越成为独立的知识产品,只不过是常常被忽视的知识产品,它的重要性也在现代大生产和大市场的环境下逐渐凸显。如今许多管理咨询公司就是专门生产这种产品的,现代市场中各种管理咨询和服务就是提供这种产品的。所以,管理方案与管理和商标信息一定有密切的关系,一定会影响商标的价值构成。

如上所述,手工业者在生产时并没有独立或明确的管理方案,但是,手工业者在考虑如何生产的时候就是在考虑生产管理方案,其生产的过程同时也就是实施管理方案的过程。大工业生产则有专门的生产管理部门和人员,他们在生产前会提出考虑过的生产管理方案,但是,不一定出台专门的"生产管理方案书",而只是在研讨思考后就组织实施。所以,大工业生产初期已经有专门的生产管理队伍和管理方案雏形。现代大工业生产则使这个雏形成熟为独立的专业机构制作的专门的管理方案,由此,一种新的独立的知识产品出现了,管理方案也有了独立的生产劳动和价值。

管理方案本质上是一种实践方法,与技术具有共同的本质。但是,管理方案不同于技术,管理方案有自己的特殊性,管理方案的生产劳动也有自己的特殊性。由于管理方案是从管理行为中独立出来的知识产品,管理方案的生产劳动与统一的管理的劳动对象、劳动资料、劳动过程和劳动成果均有同质性。区别在于,统一的管理包括管理方案的生产和实施两个过程,这两个过程在管理中直接衔接、交叉融合为一个过程,而管理方案的生产劳动则仅仅是其中的一个过程。管理方案的价值载体和构成比例方面的特点都是劳动特点的延伸。管理方案的价值实现也是要走向生产领域,并在生产管理中实施,这一点与技术完全一样。

当管理方案成为独立的知识产品后,管理就成为实施管理方案的行为,商标信息就成为实施管理方案产生的信息。管理方案与商标信息都是以信息形式存在的,当管理行为在实施管理方案时,管理方案引导管理行为,行为立即产生商标信息,所以,商标信息实际上是经过管理行为折射的管理方案,两者不但同质,而且同构。

但是,毕竟商标信息由管理行为产生,所以,商标的价值已经包括导致商标信息产生的前面所有的劳动贡献,既包括管理方案的生产劳动的贡献,也包括实施管理方案的管理行为的贡献。这个结论在产品价值的计量方式那里也能得到验证,在产品价值构成中,统一的管理劳动成本是以管理费用名义计入产品生产的间接成本,并不构成产品的价值。当生产管理成为管理方案的执行行为的时候,虽然生产管理劳动与管理方案的生产劳动是独立的两个环节的劳动,但是管理方案生产劳动费用或管理方案购买费用,同实施管理方案的管理费用都是作为管理费用计量的,都不计入产品的价值构成。所以,当管理方案成为独立的知识产品的时候,管理方案的价值是作为统一的管理行为的一部分共同创造商标的价值的。

2. 商标的价值实现

商标的价值不在于商标本身,而在于它所标记的信息,而一旦商标蕴含了它所标记的信息的时候,商标又有了独立的价值,商标就成了财产。

商标是标记商标信息的符号,所以,商标的价值实现只能通过给产品做标记,把一些设计精美的商标用作装饰,并不是实现商标的价值,而是实现作品的价值。要给产品做标记,就只能走向生产领域,实际上,商标就诞生在商业化的生产领域。所以,商标的价值实现就在于生产领域的使用,并伴随着产品走向市场。

商标的价值实现有不同的阶段和方式。在商标设计阶段,商标还没有用来标记商品,商标信息为零,商标也没有美誉度和知名度,商标还没有价值可言。商标在商品上使用一个阶段后,商标信息逐渐积累,商标开始有了美誉度和知名度,商标价值就产生了。当商标被商品生产者长期广泛使用,商标信息丰富稳定,商标的美誉度和知名度较高,商标的独立财产价值彰显,市场就有了对该商标的使用需求,商标价值的实现就会脱离原来的使用主体和产品范围,然后就可以通过商标的交换实现价值了。

三、商标的分类

商标的分类在国际上已经有了专门的依据,即《商标注册用商品和服务国际分类尼斯协定》(以下简称《尼斯协定》)。该协定依据商品种类对商标分类,主要将其分为产品商标和服务商标。其中,产品商标包括物质产品商标和能源产品商标,服务商标包括一切服务于产品生产流通的服务,也包括各种生活服务及图纸设计之类的知识产品。所以,《尼斯协定》实际上是按照三大产业对应的"产品"和产品的形态对商标进行分类的,第一、二产业是农业和工业,对应的产品都是物质产品,对应的商标叫产品商标;第三产业是服务业,对应的产品是服务产品,是"非物质的"和"无形的",但不是叫产品,而是叫服务,对应的商标叫服务商标。《尼斯协定》的分类过去几十年了,除了增加一些具体产品种类外,也没有什么问题,所以,从商标管理角度看,这种分类是可行的。

商标是一种标记符号,商标本身的生产劳动基本上可以忽略,所以,就其标记符号的生产劳动而言,没有什么区别,怎么分类都可以,方便管理就行。即便追溯到商标的实体即商标信息的生产劳动,也没有什么本质上的区别。这是因为商标信息都是生产管理产生的,劳动都是管理性的,都是处理信息的脑力劳动。如果非要追究脑力劳动的区别,那就是劳动对象、劳动资料、劳动过程和劳动成果形式有所不同,但是,反映到商标信息这里,本质区别是不存在的。不过,没有本质区别,却可以有量的区别,还可以从商标价值大小角度对商标分类。这种分类在实践中也已经有了,就是驰名商标、知名商标或著名商标之类,它们对应的美誉度和知名度是不一样的,商标价值大小也是不一样的,这种分类直接涉及商标价值的实现,现实意义更大。

四、商标权

(一)商标权的概念

商标可以成为一种独立的财产,财产之上可以设定财产权,这种财产权的名称就是商标权。但是商标权不同于其他财产权,也不同于其他知识产权,商标权因为其客体的本质和特点而具有自己特殊的本质和规定性。

从前面关于商标价值构成及其实现的论述中,可以知道,商标的价值是使用者通过生产管理活动慢慢培育出来的,当商标使用一段时间以后,商标就不再仅仅是一个标记符号了,而是承载着商标信息的财产。这个时候,商标使用者就产生了独家使用这个商标的需求,就不想让同类产品生产者使用这个商标。这个需求不是他自己一个人能够实现的,因为商标不过是一种符号,很容易被复制或模仿,这就提出了法律需求。为了促进生产和诚信经营,同时也为了便于产品购买者识别产品,法律在商标上设定了独家使用权,商标权就产生了。可见,商标权就是在产品上独家使用商标的权利,即商标的专有使用权。

商标权的本质是商标的专有使用权,这个权利因为客体的原因还有特殊的规定性。

首先,商标权只是商品上的标记使用权。商标是商品的标记符号,是用来区别商品的,离开商品,就不需要商标来做标记,就不应该赋予商标权。

其次,商标权是商业使用权。商标区别商品的目的在于彰显生产者的产品品质,并因此获得好的市场收益。从社会角度看,也是为了便于购买者识别商品,进而促进生产和诚信经营。所以,商标权的使用局限于商业领域,非商业化使用没有必要也不应该赋予商标权。

基于以上商标权的本质和特殊规定性,商标权的一般定义就是:商标权是商品生产者专有的在商品上标记商标的商业化使用权。其中,"专有的……商业化使用权"描述的是商标权的专有使用权本质和商业使用权的特殊规定性;"在商品上标记商标"描述的是商标权的商品标记使用权的特殊规定性;"商品生产者"是商标权主体的规定性,这同著作权和专利权一样,预设产品的生产者就是权利人。

(二)商标权的权利属性

商标权是对商标的专有使用权,商标是有价值的,使用商标的目的是区别产品并获取好的市场回报,所以,商标权的财产权属性也是明显的。

同样是财产权,商标权的财产权也有自己的特殊性。商标权虽然也具有财产权中的所有四项权能,但是,商标权的占有权与物权不同,使用权则与专利权和著作权不同。商标权对商标的占有不是独家的、唯一的,而物权的对物的占有只能是独家的、唯一的。不同的原因在于商标的信息存在形式,这一点与专利权和著作权是一样的。但是,商标权的使用权与专利权和著作权则是不一样的,商标权的使用在于有形的可见的标记,而专利权中的使用是在产品生产中,著作权的使用则在于无形的消费,这与权利客体的价值实现方式直接相关。

除了权利的四项权能方面的特殊性外,商标权还有权利的限制方面的特殊性,即商标权无时间限制,是一种永久性使用权。知识产权具有有限性,因为知识产品的价值构成中都有人类社会的公共知识资源,所以,要在权利人与社会公众之间进行价值分割和利益划分,分割和划分的最实质方法就是对权利存续时间的限制。但是如前所述,商标本身不是知识产品,甚至都不是产品,而只是被信手拈来的公共知识资源,被标记的商标信息才是产品,与商标信息同质同构的管理方案更是标准的知识产品。而商标权是对商标的使用权,并不是对商标信息或管理方案的使用权,在商标之上设定标记性使用权时并不涉及商标使用者与社会公众之间的价值分割和利益划分,所以,就没有必要对商标权进行权利存续时间的限制。

第二节　商标注册的原则

商标注册原则,是指对商标注册申请人受理并最终确认商标权归属的行为依据和法律原则。根据《商标法》的规定,商标注册原则为:自愿注册原则、申请在先原则和优先权原则。

一、自愿注册原则

商标自愿注册原则包括三层含义。

一是注册原则,即商标所有人对其商标必须通过核准注册,才能取得对该商标专用权的确认。我国《商标法》第三条规定,经商标局核准注册的商标为注册商标,商标所有人享有商标专用权,受法律的保护。注册人对该注册商标享有专用权,受法律的保护;未经注册的商标也能使用,但使用人不享有商标专用权,不得与他人的商标相冲突,无权禁止他人在同种或类似商品上使用与其商标相同或近似的商标,但驰名商标除外。

二是自愿注册为主、强制注册为辅原则。所谓自愿注册原则,是指商标所有人根据自己的需要和意愿,自行决定是否申请商标注册。所谓强制注册原则,是指国家对生产经营者在某些商品或服务上所使用的全部商标,规定必须经依法注册才能使用的强制性规定。国家规定必须使用注册商标的商品,必须申请商标注册,未经核准注册的,不得在市场销售。

三是国家统一注册原则,即我国的商标注册工作必须由国家商标主管部门统一审核批准注册。《商标法》明确规定,国务院工商行政管理部门商标局主管全国商标注册和管理的工作。

二、申请在先原则

我国对商标注册坚持申请在先为主、使用在先为辅的原则。

所谓申请在先原则是指两个或两个以上的申请人,在同一或者类似的商品上以相同或者相近似的商标申请注册时,注册申请在先的商标和申请人获得商标专用权,在后的商标注册申请予以驳回。我国《商标法》第三十一条规定,两个或者两个以上的商标注册申请人,在同一种商品或者类似商品上,以相同或者近似的商标申请注册的,初步审定并公告申请在先的商标;同一天申请的,初步审定并公告使用在先的商标,驳回其他人的申请,不予公告。申请在先是根据申请人提出商标注册申请的日期来确定的,商标注册的申请日期以商标局收到申请书件的日期为准。因此应当以商标局收到申请书件的日期作为判定申请在先的标准。

我国《商标法》在坚持申请在先原则的同时,还确认了使用在先的正当性,防止不正当的抢注行为,即在无法确认申请(注册)在先的情况下采用最先使用者取得商标注册的原则。

所谓的使用在先原则,即两个或者两个以上的申请人,在同一种商品或者类似商品上,分别以相同或者近似的商标在同一天申请注册的,各申请人应当自收到商标局通知之日起 30 日内提交其申请注册前在先使用该商标的证据。同日使用或者均未使用的,各申请人可以自收到商标局通知之日起 30 日内自行协商,并将书面协议报送商标局;不愿协商或者协商不成的,商标局通知各申请人以抽签的方式确定一个申请人,驳回其他人的注册申请。商标局已经通知但申请人未参加抽签的,视为放弃申请,商标局应当书面通知未参加抽签的申请人。

三、优先权原则

商标优先权原则是指,商标注册申请人自其商标在外国第一次提出商标注册申请之日起六个月内又在中国就相同商品以同一商标提出商标注册申请的,依照该外国同中国签订的协议或共同参加的国际条约,或按照相互承认优先权的原则可以享有优先权。

《巴黎公约》首先规定了商标优先权,任何人或其权利继承人,在巴黎公约的某一成员国首次提出某项商品商标注册申请,从该申请日算起的 6 个月内,再向其他巴黎公约的成员国提出这项商品商标注册申请,均可以将该申请日作为评定商品商标新颖性的时间标准日。该商标注册申请人享有的这种优先于其他商标申请人的权利被称为商标申请的优先权,该商标注册申请人被称为这项商标申请优先权的权利人或简称为优先权人,该申请日被称为商标注册申请的优先权日,从该申请日算起的 6 个月期限被称为商标申请的优先权期。商标申请的优先权人须在其后续商标申请中明确提出要求优先权的声明,并提供相应的优先权证明文件,方可实现其优先权,这一声明被称为优先权声明。优先权允许进行转让。

依照《商标法》第二十五条、二十六条的规定,在我国申请商标注册要求优先权,应当在提出商标注册申请的时候提出书面声明,即在申请书上填写初次申请国、申请日期、申请号等,并且在自申请之日起三个月内提交第一次提出的商标注册申请文件的副本,该副本应当经受理该申请的商标主管机关证明,并且注明申请日期和申请号。要求展会优先权的,必须符合以下条件。

第一,须是在中国政府主办或者承认的国际展览会上展出的商品是使用的商标。

第二,享有优先权的法定期限是自该商品展出之日起六个月内提出商标注册申请。即法律对享有优先权的期限作了规定,超过法定期限,便失去机会。

第三,商标注册申请人在提出商标注册申请的时候,就应当以书面形式提出享有优先权的声明,并且在三个月提交展出其商品的展览会名称、在展出商品上使用该商标的证据、展出日期等证明文件。该证明文件应当经国务院工商行政管理部门规定的机构认证;展出其商品的国际展览会是在中国境内举办的除外。未提出书面声明或者超过三个月未提交证明文件的,视为未要求优先权。

提交的优先权证明文件应当附送中文译本,代理人应如实翻译优先权文件,做到申请的商标与优先权文件所附的商标一致,要求优先权的商标注册申请中申报的商品/服务项目不超出首次申请中的商品/服务项目的范围。多份申请要求优先权而只附送一份优先权证明文件的,可以提交一份原件,其他的提交复印件,并应指明原件附在哪件申请文件上。如要求优先权的申请人与首次申请的申请人名义或地址不一致,还应提交相关的变更、转让证明文件。

我国申请人到巴黎公约其他成员国申请商标注册的,同样可以要求优先权。如以在我国的首次申请为基础申请,则应向我国商标局申请提供相关证明。申请时,应提交《提供优先权证明文件申请书》,共有商标申请证明,需由代表人提出申请,并被视为已经得到其他共有人的授权。

第三节　商标注册的申请和审查

一、商标注册的申请

商标权的获得,必须履行商标注册程序,商标注册程序是一种商标法律程序。商标注册程序基本分为:商标查询、填写申请书、提交文件、初步审查与受理、实质审查、初步审定和公告、异议与异议复审、核准注册与发证等步骤。狭义的商标注册申请仅指商品和服务商标注册申请、商标国际注册申请、证明商标注册申请、集体商标注册申请、特殊标志登记申请。广义的商标注册申请除包括狭义的商标注册申请的内容外,还包括变更、续展、转让注册申请,异议申请,商标使用许可合同备案申请,以及其他商标注册事宜的办理。

(一)商标注册申请人

商标注册申请人必须是对其生产、制造、加工、拣选或经销的商品抑或提供的服务项目,需要取得商标专用权的,提出商标注册申请的自然人、法人或其他组织;外国人、外国企业根据有关协议或条约也可以成为商标注册申请人。根据不同商标类型的法律法规的注册和管理办法,各类型商标注册申请人的范围和条件具体包括以下内容。

1. 申请人的资格条件

根据《商标法》第四条、第五条的规定,国内申请商品商标,服务商标的商标注册申请人的主体资格范围为:自然人,法人、其他组织。其中必须具备的条件包括以下内容。

(1)自然人

自然人是指具有民事权利能力和民事行为能力的个人,包括中国人、外国人和无国籍人。

（2）法人

法人是指具有民事权利能力和民事行为能力,依法独立享有民事权利和民事义务的组织,同时必须具备四项条件。

①依法成立。

②有必要的财产和经费。

③有自己的名称、组织机构和场所。

④能够独立承担民事责任。

（3）其他组织

其他组织是指合法成立,有一定的组织机构和财产,但又不具备法人资格的组织,包括以下组织。

①依法登记领取营业执照的私营独资企业、个人合伙。

②依法登记领取营业执照的合伙性联营企业。

③依法登记领取我国营业执照的中外合作经营企业、外资企业。

④经民政部门核准登记领取社会团体登记证的社会团体。

⑤法人依法设立并领取营业执照的分支机构。

⑥中国人民银行、各专业银行设在各地的分支机构。

⑦中国人民保险公司设在各地的分支机构。

⑧经核准登记领取营业执照的乡镇、街道、村办企业。

⑨符合法律规定条件的其他组织。

其他组织须具有的法律特征包括以下内容。

①必须依法成立,即必须是依照法律规定的程序和条件成立,法律认可的组织。

②必须具有一定的组织机构,即有能够保证该组织正常活动的机构。

③必须具有一定的财产,即必须具有能够单独支配的、与其规模和活动的内容和范围相适应的财产。

④不具有法人资格。例如,事业单位、政府机关、村民委员会、非正规劳动就业组织、行业协会、工会组织、宗教组织等。

2.商标共同申请人

根据《商标法》第五条的规定,两个以上的自然人、法人或者其他组织可以共同向商标局申请注册同一商标,共同享有和行使同一商标专用权。

共同申请同一商标的大致有以下情形。

(1)一个公司拥有两个或两个以上分公司,而其中一些分公司需要和总公司使用同一商标的。

(2)总公司下属的一些子公司之间或与总公司之间需要使用同一商标的。

(3)有些家族性的私营公司或者企业之间,要求使用或继承同一商标的。

(4)父子、母女、夫妻、兄弟姐妹等自然人家庭成员。

(5)生意合作伙伴。

(6)自然人与企业合作共同经营的。

3.集体商标申请人

国内申请集体商标的商标注册申请人的主体资格范围为:工商业团体、协会或者其他集体组织。应具备的条件包括以下内容。

(1)必须是经依法登记的,具有法人资格的企业或事业单位。该企业或事业单位应为某一组织,可以是工业的或商业的团体,也可以是协会、行业或其他集体组织,而不是某个单一企业或个体经营者。

(2)申请以地理标志作为集体商标注册的申请人,应当由来自该地理标志标示的地区范围内的成员组成。

(3)必须有当地工商管理部门出具的申请人主体资格证明,即申请人依法登记并具有法人资格的法律文书,可以是企业的营业执照,或事业单位、群众团体的依法登记注册的批准文件。

(4)以地理标志作为集体商标申请注册的,还应当附送管辖该地理标志所标示地区的人民政府或者行业主管部门的批准文件。

(5)以地理标志作为集体商标申请注册的,应当详细说明其所具有的或者其委托的机构具有的专业技术人员、专业检测设备等情况,以表明其具有监督使用该地理标志商品的特定品质的能力。

(6)必须制定所申请集体商标的使用管理规则。

4.证明商标申请人

国内申请集体商标的商标注册申请人的主体资格范围为:对商品和服务的特定品质具有检测和监督能力的组织。应具备以下条件。

(1)该组织必须是依法登记成立的。

(2)必须有当地工商管理部门出具的申请人主体资格证明,并应当详细说明其所具有的或者其委托的机构具有的专业技术人员、专业检测设备等情况,以表明其具有监督该证明商标所证明的特定商品品质的能力。

(3)以地理标志作为证明商标申请注册的,还应当附送管辖该地理标志所标示地区的人民政府或者行业主管部门的批准文件。

(4)必须制定所申请证明商标的使用管理规则。

5.特殊标志申请人

根据《特殊标志管理条例》的规定,申请特殊标志登记申请人的主体资格范围为:全国性和国际性的文化、体育、科学研究及其他社会公益活动的组织者和筹备者。应具备以下条件。

(1)必须是经国务院批准举办的,并拥有国务院批准举办该社会公益活动的文件。

(2)制定准许他人使用该特殊标志的条件及管理办法。

(二)商标注册申请程序和申请书件

1.商标注册申请程序

申请人直接到商标局的商标注册大厅办理的,申请人可以按照以下步骤办理:商标注册申请前查询(非必须程序)→准备申请书件→在商标注册大厅受理窗口提交申请书件→在打码窗口打收文条形码→在交费窗口缴纳商标注册规费→三个月左右商标局发出《受理通知书》→商标注册申请补正(非必须程序)。

商标申请的前提是商标设计。商标设计要注意的问题包括:独创性,即商标的设计要有新意;商标的名称应避免与商品的功能联系在一起;商标的设计要突出主题,合理布局。

商标注册申请前通常要进行商标查询。商标查询通常是指商标注册申请人在申请注册商标前,为了了解是否存在与其申请注册商标可能构成冲突的在先商标权利,进行的有关商标信息的查询。质言之,商标查询是商标注册申请人或代理人到商标局查询申请注册的商标有无与在先权利商标相同或近似的情况,以了解自己准备申请注册的商标是否与他人已经注册的商标相混同。商标查询不是商标注册的必经程序(遵循自愿查询原则),查询结果不等于审查结果,但是一件商标从申请到核准注册历时长久。如果商标注册申请被驳回,一方面损失商标注册费,另一方面重新申请注册商标还需要更长时间,而且再次申请能否被核准注册仍然处于未知状态。进行查询可大大减少商标注册的风险,但应注意查询的结果不能作为法律依据,不具备法律效力。因此,申请人在申请注册商标前最好进行商标查询,了解在先权利情况。办理商标查询,可通过商标代理机构办理,也可直接到商标局办理。在提交申请并交费后,商标局3天内给出结果。外国人或外国企业可委托指定的代理组织进行查询。查询分普通查询和加急查询(不包括直接到商标局办理查询)。商标局自收到查询信件起5日内发出查询资料。根据商标局的档案管理程序,商标查询结果一般是目前已注册的及4个月前提出申请的商标。因此,企业在查询以后,在没有发现与自己要申请的商标相混同的商标情况下,就应及时办理商标注册申请,以避免在正式提出申请之前,其他企业在先注册同类商标而失去获得商标专用权的机会。

之后,商标申请要经过以下几个环节。

第一步,选择注册方式。国内商标注册申请人可通过以下两个途径办理商标注册申请手续:一种是自己向商标局申请注册,另一种是委托国家知识产权局认可的具有商标代理资格的组织办理。外国人和外国企业需要在中国取得商标专用权的,可以按其所属国和我国签订的协议或共同参加的国际条约向商标局提出商标注册申请,或按对等原则办理。外国人或外国企业办理商标注册申请和其他有关事宜,必须委托国家指定的具有涉外代理权的商标代理机构代理。

第二步，准备资料。具体内容见下文。

第三步，按商品与服务分类提出申请。申请商标注册，应当依照公布的《商品和服务分类表》按类申请。商品和服务项目共分为45类，其中商品34类，服务项目11类。申请注册时，应按《商品和服务分类表》的分类确定使用商标的商品或服务类别；同一申请人在不同类别的商品上使用同一商标的，应按不同类别提出注册申请。

第四步，确定申请日。我国商标注册采用申请在先原则，因此，确立申请日十分重要，申请日以商标局收到申请书的日期为准。

最后一步，领取《商标注册证》。商标注册申请提交后，要经过商标审查、初审公告、注册公告三个程序。经过商标局初审通过的商标，在刊登公告三个月后无人提出异议即完成注册，商标局向注册人颁发证书，该商标开始受法律保护。若是通过代理组织的由代理人向注册人发送《商标注册证》直接办理注册的，注册人应在接到《领取商标注册证通知书》后三个月内到商标局领证，同时还应携带：领取《商标注册证》的介绍信、领证人身份证及复印件、营业执照副本原件和加盖当地工商部门的章戳的复印件、《领取商标注册证通知书》，商标注册人名义变更的需附送工商部门出具的变更证明。

2.商标注册申请书件

（1）法人或者其他组织名义申请商标注册的，应提交以下申请书件。

①加盖申请人公章的商标注册申请书。

②商标图样6张（申请书背面贴1张，交5张），要求图样清晰、规格为长和宽不小于5厘米并不大于10厘米。若指定颜色，贴着色图样1张，交着色图样5张，附黑白图样1张。

③直接到商标注册大厅办理的，提交申请人的营业执照复印件，并出示营业执照副本原件；如不能出示营业执照副本原件，申请人的营业执照复印件须加盖申请人印章。委托商标代理机构办理的，提交申请人的营业执照复印件。

④直接到商标注册大厅办理的,提交经办人的身份证复印件;委托商标代理机构办理的,提交商标代理委托书。

⑤如申请注册的商标是人物肖像,应附送经过公证的肖像权人同意将此肖像作为商标注册的声明文件。

(2)自然人申请商标注册的,应提交以下申请书件。

①申请人签名的商标注册申请书。

②商标图样6张(申请书背面贴1张,交5张),要求图样清晰、规格为长和宽不小于5厘米并不大于10厘米。若指定颜色,贴着色图样1张,交着色图样5张,附黑白图样1张。

③直接到商标注册大厅办理的,提交申请人本人的身份证或护照的复印件,经办人出示身份证或护照的原件,提交复印件;委托商标代理机构办理的,提交商标代理委托书和申请人的身份证复印件。

④个体工商户可以以其个体工商户营业执照登记的字号作为申请人名义提出商标注册申请,也可以以执照上登记的负责人名义提出商标注册申请。

以负责人名义提出申请时应提交负责人的身份证和营业执照的复印件。个人合伙可以以其营业执照登记的字号或有关主管机关登记文件登记的字号作为申请人名义提出商标注册申请,也可以以全体合伙人的名义共同提出商标注册申请。

以全体合伙人的名义共同提出申请时应提交合伙人的身份证、营业执照、合伙协议的复印件。

农村承包经营户可以以其承包合同签约人的名义提出商标注册申请,申请时应提交签约人身份证和承包合同的复印件。

其他依法获准从事经营活动的自然人,可以以其在有关行政主管机关颁发的登记文件中登载的经营者名义提出商标注册申请,申请时应提交经营者的身份证和有关行政主管机关颁发的登记文件的复印件。自然人提出商标注册申请的商品和服务范围,应以其营业执照或有关登记文件核准的经营范围为限,或者以其自营的农副产品为限。

对于不符合《商标法》规定的商标注册申请,商标局不予受理并书面通知申请人。申请人提供虚假材料取得商标注册的,由商标局撤销该注册商标。如申请注册的商标是人物肖像,应附送经过公证的肖像权人同意将此肖像作为商标注册的声明文件。

(3)填写商标注册申请书具体有以下要求。

①商标注册申请等有关文件,应当打字或印刷。对于手写的商标申请书件,商标局不予受理。

②商标注册申请人的名称、地址应按照营业执照填写,如果营业执照中的地址未冠有企业所在地的省、市、县名称的,申请人必须在其地址前加上省、市、县名称。申请人的名义公章应与营业执照上登记的企业名称完全一致。

③商品或服务项目应按照《商品和服务分类表》或《类似商品和服务区分表》填写规范名称,一份申请书只能填写一个类别的商品或服务。商品名称或服务项目未列入分类表的,应当附送商品或服务项目的说明。

④如申请人是自然人,申请人名称除填写姓名外,还须在姓名之后填写身份证号码;申请人地址可以填写自然人的实际地址或通讯地址。

⑤如申请注册的商标不是立体商标和颜色组合商标,申请人应在商标种类一栏的"一般"前的方框中打"√"。

⑥递交申请前请仔细检查申请书,递交后不得改动。

(4)申请集体商标的,附送集体商标的使用管理规则。规则包括以下内容。

①使用集体商标的宗旨。

②使用该商标的集体成员。

③使用集体商标的商品或者服务质量。

④使用该商标的条件和使用该商标的手续。

⑤集体成员的权利、义务和违反该规则应当承担的责任。

(5)申请证明商标注册的,附送证明商标的使用管理规则。规则应包括以下内容。

①使用证明商标的宗旨。

②该商标证明的商品或者服务的特定品质和特点。

③使用该商标的条件。

④使用该商标的手续。

⑤使用该证明商标的权利义务和违反该规则应当承担的责任。

(三)商标注册申请补正

补正程序并非商标注册申请的必经程序。商标注册申请手续齐备、按照规定填写申请文件并缴纳费用的,商标局予以受理并书面通知申请人;申请手续不齐备、未按照规定填写申请文件或者未缴纳费用的,商标局不予受理,书面通知申请人并说明理由。申请手续基本齐备或者申请文件基本符合规定,但是需要补正的,商标局通知申请人予以补正,限其自收到通知之日起 30 日内,按照指定内容补正并交回商标局。在规定期限内补正并交回商标局的,保留申请日期;期满未补正的或者不按照要求进行补正的,商标局不予受理并书面通知申请人。

委托商标代理机构办理商标注册申请的,如申请手续基本齐备或申请书件基本符合规定,但是需要补正的,商标局书面通知该商标代理机构予以补正。商标代理机构应在收到通知之日起 30 日内,按指定内容补正后交回商标局。期满未补正的,视为放弃该申请。

需要注意的有以下几项内容。

第一,申请人按照要求对不规范或不具体的商品或服务项目进行补正时,可以修正或删除。修正时仍应按照《类似商品和服务区分表》填写规范名称,但不得扩大商品或服务范围。

第二,因商标图样不清或应填写商标说明而发回的补正,申请人应按商标局的要求补正,不得对商标图样做任何实质性的修改,否则视为无效。

第三,申请人按照补正要求修改后,应在相应空白处加盖申请人公章。如申请人是自然人,应由本人签名。如果是委托商标代理机构办理的商标注册申请,应加盖商标代理机构的公章。

二、商标审查与核准

从提出商标注册申请到领取《商标注册证》,需要经历形式审查、实质性审查、编制商标初审公告、异议期、编制注册公告及发放《商标注册证》等程序。

(一)商标形式审查

商标局收到申请人提交的申请书和材料后,根据法律规定进行初步审查(以下称形式审查),审查申请人的申请行为是否有效,是否具备受理资格,从而决定是否受理。商标形式审查期限为 3~4 个月,详细检视申请表格及所有附件,以查看表格内须填写的部分是否已经填妥、有关资料是否正确、所需资料是否齐全。确立申请日十分重要,由于我国商标注册采用申请在先原则,一旦发生纠纷,申请日的先后就成为确定商标权的法律依据,商标注册的申请日以商标局收到申请书件的日期为准,商标局受到商标申请书对于符合形式要件的申请书发放受理通知书。

(二)商标实质审查

实质审查是商标主管机关为判定申请注册的商标是否具备注册条件而进行的审核,期限为 12 个月。商标实质审查是商标注册主管机关对商标注册申请是否合乎《商标法》的规定所进行的检查、资料检索、分析对比、调查研究并决定给予初步审定或驳回申请等一系列活动。在此期间,在该商标未获准注册以前,不要在使用中标注注册标记。另外,在未核准注册以前,带有该商标的商品及包装物,或商标标识不宜一次制作过多,以防因注册受阻而造成不必要的损失。

审查的内容包括以下几个方面。

第一,商标是否具有显著性。

第二,商标是否相同和近似。

第三,商标是否违反禁用条款。

第四,商标是否有其他在先申请人。如果有两个或两个以上申请人,在同一种商品或者类似商品上,以相同或者近似的商标在同一天申请注册,而且其申请材料均符合有关的规定,由商标局通知各申请人或其代理机构补送使用证明通知书。申请人应在 30 日内提供商标的使用证明,以使用在先者作为申请在先。

经过实质审查,若审核通过,商标注册申请程序将进入下一阶段,即公告阶段。

(三)商标公告

商标局实质审查后,对于符合《商标法》有关规定的商标申请给予初步审定注册,并对初步审定注册的商标进行初步审定编号,建立审查检索卡片,填写初步审定底稿在商标公告上予以公布。这次公告称为初步审定公告。被初步审定商标的申请人,可以免费得到一本商标公告,作为申请人的通告。商标公告的基本内容包括以下几方面。

第一,初步审定商标公告。刊印初步审定号、申请日期、商标、使用商品、类别、申请人、申请人地址。

第二,注册商标公告。刊印注册号、商标、类别、注册人、商标专用期限。

第三,续展注册公告。刊印注册号、商标、类别、注册人、商标专用期限。

第四,变更注册商标公告。刊印注册号、商标、原注册人、变更后名称。

第五,转让、注销、商标使用许可合同等事项。

初步审定的商标自刊登初步审定公告之日起三个月没有人提出异议的,该商标予以注册,同时刊登注册公告。三个月内没有人提出异议或提出异议经裁定不成立的,该商标即注册生效,发放注册证。

当然,会发生商标注册申请的部分驳回。商标局对受理的商标注册申请,对在部分指定商品上使用商标的注册申请符合规定的,予以初步审定,并予以公告;对在部分指定商品上使用商标的注册申请不符合规定的,予以驳回,书面通知申请人并说明理由。商标局对在部分指定商品上使用商标的注册申请予以初步审定的,申请人可以在异议期满之日前,申请放弃在该部分指定商品上使用商标的注册申请;申请放弃在该部分指定商品上使用商标的注册申请的,商标局则撤回原初步审定,终止审查程序,并重新公告。因此,该程序并不是商标实质审查的必经程序。

(四)商标异议

1.商标异议的概念

商标异议制度,是指自然人、法人或者其他组织在法定期限内对商标注册申请人经商标局初步审定并刊登公告的商标提出不同意见,请求商标局撤销对该商标的初步审定,由商标局依法进行裁定的制度。商标异议是《商标法》明确规定的对初步审定商标公开征求社会公众意见的法律程序,其目的在于监督商标局公正、公开地进行商标确权。任何人对初步审定的商标有不同意见的,可以在初步审定公告之日起 3 个月异议期内向商标局提出异议。商标异议包括权利保护异议和社会异议,前者是指认为初步审定的商标与注册在先或申请在先的商标相同或近似,后者是指认为初步审定的商标违反《商标法》的禁用条款或其他规定。

商标争议具有以下特点。

(1)申请人必须是在先注册的商标注册人。

(2)提出争议的时间是被争议商标核准注册后一年内。

(3)争议的两个注册商标被核定使用的范围必须涉及同一种商品(或服务)或者类似的商品(或服务)。

(4)争议的两个注册商标被核准的文字、图形或者其组合具有相同或近似的可能。

(5)被争议的商标在其核准注册前未以同样理由提出过异议,出未经裁定。

2.商标异议的范围

商标异议的内容范围很广,既包括初步审定的商标与申请在先的商标相同或近似,也包括初步审定的商标违反了《商标法》的禁用条款或商标不具显著性,还包括申请人不具备申请资格等。对初步审定但尚未公告的商标、已经注册的商标和未注册商标不能提出异议。这一限定的实质,是将已经商标局初步审定和由商标评审委员会最终决定应予审定的商标在核准注册之前,向全社会征询能否核准注册的意见。提出商标异议的可以是任何人,即既可以是商标注册人,也可以是非商标注册人;既可以是企业、事业单位,也可以是个人;既可以是法人,也可以是非法人。

第四节　商标权的使用和管理

一、商标的特征

(一)商标的可注册性

企业在设计发布新商标时,须重点考察商标是否具有可注册性。我国《商标法》对申请注册的商标应符合的要求作出了明确规定,企业选择与设计的商标应做到:第一,尽管我国允许声音等非视觉性标志申请商标注册,但企业设计商标时,通常应优先选择可视性标志;第二,不选择或设计属于法律禁止注册或使用的标志;第三,不与他人的企业名称、姓名、肖像等在先权利相冲突;第四,若为颜色商标或三维标志的,要具有非功能性。

(二)商标的显著性

企业选择与设计的商标,应具有便于识别的显著性特征。商标具有显著性,即人们在看见商标时,可以准确定位出相关商品的种类、地位等。如某运动服饰品牌的组合商标,当我们看到此商标时,就能反映出其依附的商品是价位偏中高的运动服饰。而对于不具有显著性的商标,其对所依附商品的特性的标识作用不强。例如,用"香口胶"来标识口香糖,因"香口胶"在口香糖这一商品类别上不具备显著性,因此此商标不会通过商标局的注册。

一般来说,企业应避免使用描述性商标作为主打商标或品牌,可以使用显著性较低的商标作为子副品牌,且应尽量结合主商标一起使用。

(三)商标权的完整性和合法性

企业选择和设计的商标,应尽量保证商标权的完整性和合法性,具体体现在:第一,确保企业对商标具有完整的版权。无论通过广告征集、委托或由员工设计等任何方式取得的商标标识,都应与相关主体签订相应的版权转让协议,要求相关主体做出不侵权承诺或保证,并与其就保密与违约责任等作出约定。第二,商标应避免与他人已注册商标近似或相同。第三,商标应避免与他人的驰名商标(尤其是同行业驰名商标)近似或相同。第四,商标应避免属于法律所禁止的标志。如《商标法》规定,含有商品地理标志的商标,其标识的商品并非来源于该地理标志所标示的地区,误导公众的,不予注册并禁止使用。第五,商标应避免与他人已经使用、并具有一定影响的商标近似或相同。

二、商标使用管理

(一)商标使用的合法性

注册商标使用的合法性管理的具体内容包括以下内容。

第一,注册商标可以使用注册标记。企业可以在商品、商品包装、说明书或者其他附着物上标示注册商标或注册标记。注册标记一般标注在注册商标的右上角或右下角。

第二,在使用注册商标过程中,印制或实际使用的商标标识应与核准注册的商标标识相符,企业在使用商标时不得擅自改变核准注册的商标图样。

第三,若企业在使用注册商标的过程中,无法保持实际使用的商标标识与核准注册的商标标识一致的,不得标示注册商标或注册标记在实际使用的商标标识上。

第四,注册商标的使用范围,必须与商标局核定使用的范围相同,企业不得超出核定范围使用注册商标。

第五,企业需扩大注册商标使用范围的,应当在需要使用商标的商品或服务类别上,提出新的商标注册申请。在新的商品或服务类别上尚未获准注册的,不得标示注册标记。

(二)未注册商标的管理

企业使用未注册商标的情形包括以下内容。

第一,商标因不具有显著性,而无法获准注册。

第二,商标正在进行申请注册。

第三,商标只是被临时使用。

第四,未注册的临时使用的商标,在经过使用具有一定知名度时,应当立即进行商标注册申请。

第五,不具备显著性的商标,经过使用具有显著性、识别性的,应当立即进行商标注册申请。

第六,对未注册的商标,不得标示注册标记。

(三)商标使用规范

商标的使用规范包括以下内容。

第一,为充分发挥商标的识别功能,企业在使用商标的过程中,应将其置于突出的核心位置。

第二,企业应强化商标的使用规范,规范的内容包括商标标志的构成、大小、字体、颜色以及标志位置与周围符号的间距、是否标示有注册标记等。

第三,企业不得将"驰名商标"字样,用在其生产、经营的商品、商品包装或容器上,或者用于广告宣传、展览及其他商事行为之中。

第四,对于企业的制造商、代理商、经销商,应注意核查他们的商标使用行为是否符合企业的商标使用管理规范。

对广告宣传的商标管理,主要包括以下内容。

第一,企业在制作广告策划方案或营销方案时,应检查所要使用的宣传口号或广告语在知识产权方面是否存在问题,是否会与他人产生冲突与纠纷。

第二,对于设计的宣传口号或广告语,企业可以将其进行商标注册申请与版权登记。

第五节　商标权的保护与维权

2019 年,通过第四次修改完善《商标法》,我国法律在商标权保护方面取得了长足的发展和进步,为加大商标权保护力度、促进整个社会经济健康发展提供了有力的法律保障。

一、商标权保护的一般理论

(一)商标权保护的正当性

关于商标权的定义或含义,存在着广义与狭义之分。广义的商标权指的是商标所有人对其所使用或注册的商标依法享有的各项民事权利,包括注册商标权和未注册商标权;而狭义的商标权仅仅指的是商标所有人对其所注册的商标依法享有的各项民事权利,即注册商标权,包括使用权、禁用权、转让权、许可使用权、续展权、出质权等。在我国,由于受商标立法用语及其相关内容的影响,我们对商标权一般采用的是狭义的理解,在未经特别说明的情况下,商标权就等同于注册商标专用权。我国《商标法》第一条明确规定,为了加强商标管理,保护商标专用权,促使生产、经营者保证商品和服务质量,维护商标信誉,以保障消费者和生产、经营者的利益,促进社会主义市场经济的发展,特制定本法。由此可见,在市场活动中保护商标权,是我国商标立法的根本宗旨和直接目的。对商标权进行保护,无论是从经济学角度还是从法哲学角度,都具有一定的正当性。从经济学的角度来看,商品所有人或使用人在市场活动中使用的商标作为一个容纳了商品或服务来源、质量品质等特征信息的载体,能够有效降低消费者的搜索成本,促使生产经营者为保证商品或服务质量作出不懈努力;只有对商标所有人或使用人予以专用权保护,才能保证商标传递信息的真实性和连续性,使其在市场活动中正常发挥信息载体作用,因此,商标权保护具有经济学上的正当性。从法哲学的角度来看,商标所有人或使用人在市场活动中使用的商标,会予以适当的劳动投入(投资),这是商标权系属于具有财产性权利的基础,洛克的财产权劳动理论为商标权保护提供了法哲学的基础,即凡是通过劳动成为你自己的方面,就自然成为财产权的边界,也就是保护边界。

(二)商标权保护的范围

明确商标权的保护范围是认定商标权侵权的基础。商标权的保护范围与商标权的权利范围有所不同,后者主要指的是商标权人自己行使权利的范围。如根据我国《商标法》有关规定,商标权人的权利范围是在核定使用的商品或服务上使用核准注册的商标,这一规定比较严格,商标权人不能随意更改注册商标的构成要素,否则可能会导致注册商标被撤销;商标权人在核定使用的商品或服务之外的其他商品或服务上使用核准注册的商标,也不能享有商标权。商标权保护的范围要大于商标权的权利范围,它不仅包括商标权的积极效力范围,即商标权人在核定使用的商品或服务上使用核准注册的商标,而且还包括商标权的消极效力范围,即商标权人依法享有的禁止他人在相同或类似的商品或服务上使用与其注册商标相同或类似的商标,甚至还包括在一定条件下,商标权人有权禁止他人在非类似的商品或服务上可能造成混淆的使用相关标志的行为以及可能造成混淆的将相关标志用于域名、商号等的行为。与其他类型的知识产权的保护范围不同的是,商标权的保护范围经常处于一种动态的平衡之中,可以根据不同的情况而进行必要的拓展和延伸,具有较强的弹性。

(三)商标权保护的方式

商标权作为一种无形的财产权,对其予以司法保护是目前世界各国的通行做法。所谓的商标权司法保护指的是当商标权遭受侵权时,商标权人可以向人民法院对侵权人提起诉讼。在中国,除了司法保护之外,商标权的保护方式还包括行政保护。根据我国《商标法》的规定,当商标权受到侵犯时,商标权人既可以寻求行政保护,也可以寻求司法保护,这样的"双重保护"模式被理论界称之为商标权保护"双轨制",这是我国商标法律制度的一大特色。我国实行商标权保护"双轨制",是在特定历史背景下形成的,体现了我国对商标权保护的高度重视,在一定时期内加大了对商标权保护的力度。

二、商标权侵权行为的认定依据与主要类型

(一)商标权侵权行为的认定依据

1. 商标混淆理论

商标混淆理论认为,商标是用来区别商品或服务不同来源的重要标志,防止混淆是商标保护的基本标准和价值,为了使商标能够有效可靠地

指示出商品或服务的来源,必须排除第三个人使用相同或近似的标志,判断商标侵权与否的关键就在于判定相关行为人的商标使用行为是否导致消费者可能对商品或服务的来源产生混淆。在制止商标权侵权的过程中,商标混淆理论立足于保护消费者合法权益,突出了商标的识别功能,有助于消费者凭"牌"购物。所谓的混淆具有广义和狭义之分。狭义的混淆指的是商品或服务来源的混淆,即消费者可能对商品或服务的来源产生误判,将冒用者的商品或服务认为是商品权人的商品或服务;广义的混淆指的是除了商品或服务来源、出处的混淆以外,消费者可能错误地认为两个经营者之间存在某种关联,诸如隶属关系、许可关系、赞助关系等。传统商标法上的混淆一般指的是狭义的混淆,反不正当竞争法上的混淆则主要指的是广义的混淆。但是随着市场经济的不断发展变化,商标法上的混淆概念也逐步由狭义混淆扩大到广义混淆。商标混淆理论是现代商标法律制度中最为常见的认定商标侵权行为的理论基础,知识产权领域的诸多国际条约和很多国家的商标立法都采用了这一理论。我国《商标法》明确将商标混淆可能性作为商标权侵权行为的认定标准之一。

2. 商标淡化理论

商标混淆是对商标权的严重侵害,使得商标无法履行区别来源等传递商品或服务信息的功能,但是制止混淆并不能解决有关商标权侵权的所有问题。将驰名商标用在非类似、无竞争关系的商品或服务上,这些与混淆没有直接关系,但是这种使用却可能直接减损驰名商标的影响力,消耗或稀释公众对驰名商标的认知。因此,对驰名商标的保护不能单独以制止混淆为标准,商标淡化理论就在这样的背景下应运而生。商标淡化理论主要适用于对驰名商标或具有相当知名度商标的保护,其核心是保护上述商标的独特个性、广告价值和良好声誉。所谓的商标淡化主要包括弱化和丑化两种形式,指的是减少、削弱驰名商标或具有相当知名度商标的显著性和识别性,损害、玷污其商誉的行为。目前,世界上有越来越多的国家或地区的商标立法接受了商标淡化理论。

3. 商标联想理论

从本质上来看,商标联想理论与混淆理论有着一定的联系,混淆可以被看作是联想的一种极端结果;但是就比较而言,联想理论仅仅针对的是在相同或类似的商品或服务上使用与他人注册商标相同或近似的商标的行为,它没有能够涵盖在不同或不相似的商品或服务上使用与他人注册商标相同或近似的商标的行为。所谓的商标联想,指的是在隔离观察时,消费者看到在后的商标会立刻联想到一个知名的在先商标,并且能够明显感受到在后的商标是在刻意攀附在先的商标,从而让消费者产生在后的商标与在先的商标之间存在一种衍生关系的认识。在商业活动中,如果消费者对两个商标产生了两者是相同或相关的联想,那么不管是否会导致消费者错误地认为两者是来源于同一个生产经营者的认知都会对在先商标的权利人造成利益损害,因此,应当认定在后商标的使用行为属于商标权侵权行为。

(二)商标权侵权行为的主要类型

1.商标假冒行为

所谓的商标假冒行为,指的是未经商标注册人的许可,在同一种商品上使用与注册商标相同的商标的行为。我国《商标法》第五十七条第一款规定了此类商标权侵权行为。商标假冒行为是最为直接和典型的商标权侵权行为,它直接导致商品来源的混淆,不仅损害了商标权人和消费者的合法权益,而且还破坏了公正合理的市场竞争秩序,危害巨大。对于商标假冒行为,由法律推定混淆可能性的存在,因此商标权人无须承担举证责任;只要法律认定侵权行为人的行为存在造成混淆,那么商标权侵权行为即为成立,除非行为人能够提供有效证据证明其行为不会造成混淆。

2.商标仿冒行为

所谓的商标仿冒行为,指的是未经商标注册人的许可,在同一种商品上使用与注册商标近似的商标,或在类似商品上使用与注册商标相同或近似的商标,容易导致混淆的行为。商标仿冒行为的实际性质是对商标权人商标所承载商誉的盗用,属于典型的侵权和不正当竞争行为,这种不劳而获的"搭便车"行为使本应该属于正当生产经营者的利益被不正当竞争者所获取,损害了消费者的合法权益,对市场竞争危害极大。

3.销售侵犯商标专用权商品的行为

根据我国《商标法》第五十七条第三款的规定,销售侵犯注册商标专用权的商品的行为属于商标权侵权行为。目前在市场上假冒、仿冒等侵犯注册商标专用权的活动之所以活跃存在并且屡禁难止,这与诸多销售者有意或无意销售侵犯注册商标专用权的商品的行为有着重要关系,毕竟侵权人的利益目的只有最后通过侵犯注册商标专用权的商品的销售才能最终实现。因此,不仅使用与注册商标相同或近似的商标的行为属于商标权侵权行为,销售侵犯商标专用权商品的行为也同样属于侵权行为,并且给商标权人带来的利益损失可能更为严重。综合我国《商标法》第五十七条第三款和第六十四条的规定,不管销售者是否存在主观上的过失或过错,只要是销售了侵犯注册商标专用权的商品,商标权侵权行为即为成立,但是销售者只有在明确知道或应当知道销售的属于侵犯注册商标专用权的商品的情况下方才需要承担赔偿责任。

4. 非法制造及销售他人注册商标标识的行为

根据我国《商标法》第五十七条第四款的规定,伪造、擅自制造他人注册商标标识或者销售伪造、擅自制造的注册商标标识的行为属于商标权侵权行为。所谓的伪造他人注册商标标识,指的是未经商标权人的同意或许可,模仿商标权人注册商标的图样或实物,制作与商标权人注册商标标识相同的商标标识的行为;所谓的擅自制造他人注册商标标识,指的是未经商标权人的同意或许可,在商标印制合同规定的印数之外,背着商标权人私自加印其注册商标标识的行为;所谓的销售伪造、擅自制造的注册商标标识,指的是通过采用零售、批发、内部销售等方式,出售伪造或擅自制造的商标权人注册商标标识的行为。商标标识是商标使用的重要形式,承载了商标权人的商品声誉和企业信誉。上述行为违反了我国《商标印制管理办法》的相关规定,侵犯了商标权人印制其注册商标的专有权,属于商标权侵权行为。

5. 商标反向假冒行为

所谓的商标反向假冒行为,指的是未经商标注册人同意,更换其注册商标并将该更换商标的商品又投入市场的行为。我国《商标法》第五十七条第五款规定了此类商标权侵权行为。商标反向假冒行为剥夺了商标权人通过商标建立并获取商品信誉的权利,误导和欺骗了消费者,破坏了正常的市场竞争环境。关于商标反向假冒行为的法律性质,目前国内学术界仍然存在较大的争议。一种观点认为,商标反向假冒行为不构成商标权侵权,最多属于欺骗消费者和商标滥用的不正当竞争行为,其主要理由是基于"商标权利用尽"的原则。根据"商标权利用尽"的原则,原商标权利人将商品投入到市场流通后,它在该商品上的商标权也就已经用尽了,该商品的新所有人只要在不改变商品的前提下,无论再以任何方式将商品投入市场流通,都不应该构成商标权侵权。另外一种观点则认为,商标反向假冒行为构成商标权侵权,其理由在于商标反向假冒行为容易造成消费者误判,损害了消费者的知情权,使商品无法有效发挥区别不同商品来源的基本功能,侵害了原商标权人的权利。

6.商标帮助侵权行为

所谓的商标帮助侵权行为,指的是故意为侵犯他人注册商标专用权行为提供便利条件的,帮助他人实施侵犯注册商标专用权的行为。我国《商标法》第五十七条第六款规定了此类商标权侵权行为。与前述几种商标权侵权行为相比,商标帮助侵权行为并没有直接侵犯商标权人的注册商标专用权,只是在别人侵犯注册商标专用权的时候提供了便利条件或帮助,从而构成间接侵权。因此,商标帮助侵权行为的构成要件中应当强调行为人的主观状态,即只有当行为人存在故意为侵权人提供便利条件或帮助的情况下才构成侵权。

三、加强商标权保护的若干对策建议

(一)完善对未注册商标的法律保护

目前,我国《商标法》主要是对注册商标提供保护,对未注册商标仅仅提供的是"有限"的保护。在很多情况下,未注册商标遭到恶意抢注或冒用并不能得到有效的法律保护,这往往会给商标权人带来重大的经济损失,违背了法律保护公民合法权利的原则。但是,未注册商标作为商标的一种类型,经过长期使用也能产生"识别"功能,代表了商标权人的合法权益或正当法益,应当在法律上受到保护。[①]

(二)适时对商标权保护"双轨制"进行改革

行政保护与司法保护并存的商标权保护"双轨制"构建了目前我国商标权保护的特色内容,对于在一定时期加快建立现代商标法律制度,有效实现对商标权人的权利保护,缓解商标权保护领域所面临的外部空前压力,发挥了十分重要且不可替代的作用。对于商标权保护"双轨制"的评价,学术界可以说是褒贬不一。支持者们认为,在我国商标权侵权现象依然严重的情况下,对商标权进行行政保护是对司法保护的有力补充,具有积极意义和重要价值,应当继续予以加强;反对者们则认为,司法保护与商标权的私权属性直接相关,赋予工商部门对商标权侵权行为的调查权和处罚权,大大超出了国际通行的商标行政管理机关的权限,加重了工商部门在商标执法方面承担的压力,增加了商标滥用的风险,商标权保护"双轨制"最终向司法单轨制进行转化是必然的趋势。但是,我们必须看到或承认的是,在当前我国司法资源相对紧缺的情况下,对商标权进行行政保护仍然有其必要性和合理性,一段时期内保留商标权行政保护方式对于商标权人来说是有利的。在此背景下,未来我国商标权保护"双轨制"的改革方向应当包括以下两个方面的内容:一方面要继续推动商标权保护方式由行政保护主导向司法保护主导不断过渡,将行政保护程序逐步纳入司法轨道;另一方面要通过行政管理体制改革,实施商标行政管理和行政执法相分离,工商部门只是保留商标确权职能,具体行政执法职能则可以交给统一的专业行政执法机构来集中行使。

(三)强化企业商标权保护意识

强化企业商标权保护意识,加强商标注册工作,建立完善的商标管理机制,是企业能否在激烈的市场竞争中立于不败之地的关键因素。首先,在加强商标注册工作方面。商标获得注册,特别是对于在市场上已经使用的商标来说,能够为商标所有企业带来一系列程序上的好处,因此商标所有企业特别是已经使用了有关商标的企业,应当适时、积极地寻求和获

---

① 李晓燕.完善未注册商标法律保护之建议[J].兰州教育学院学报,2017(11):164—166.

取商标主管部门的注册,从而更加稳定持久地保护自己的商标权及其商标所代表的商誉。其次,在建立完善的商标管理机制方面。要在企业内部设置和配备专门的商标管理部门和人员,提升企业商标管理工作的效率,保证商标管理的专业性、稳定性和延续性;要积极完善企业商标管理制度,对商标的提出、注册申请、使用管理等进行规范,建立企业全员参与引导机制,丰富宣传载体,最大程度地保护企业的合法权益。

(四)强化商标保护的社会责任

增强商标保护的社会责任,就是要大力宣传《商标法》,提高全社会的商标法律意识,树立正确的政策导向,动员全社会的力量同商标侵权、假冒行为斗争。商标执法部门也应普及和宣传商标法律知识,讲解商标侵权假冒行为的危害性,引导消费者正确消费,摒弃盲目追求品牌的心理,掌握识别商标标识真假的常识,自觉抵制假冒商标商品。

参考文献

[1]周贺微.知识产权法政治学研究[M].北京:中国政法大学出版社,2021.09.

[2]张玲.知识产权法案例教程[M].天津:南开大学出版社,2021.09.

[3]来小鹏.网络知识产权法研究[M].北京:中国政法大学出版社,2021.09.

[4]龚大春.知识产权原理[M].北京:中国政法大学出版社,2020.11.

[5]李宇斌.知识产权系统工程[M].北京:北京理工大学出版社,2020.10.

[6]何隽.严格知识产权保护[M].北京:知识产权出版社,2020.09.

[7]隋洪明.知识产权法律应用研究[M].北京:知识产权出版社,2019.04.

[8]漆苏.支撑强国建设的知识产权公共服务体系研究[M].上海:同济大学出版社,2019.08.

[9]刘平.知识产权诉讼法律制度若干问题研究[M].北京:中国政法大学出版社,2019.11.

[10]何隽.知识产权法律及实务讲座精选[M].北京:知识产权出版社,2019.11.

[11]郝敏.文娱产业知识产权保护实证研究[M].北京:法律出版社,2019.10.

[12]朱一飞.知识产权评议的原理与制度研究[M].北京:法律出版社,2019.06.

[13]刘少谷.法治化营商环境视域下专利权刑法保护[M].北京:法律出版社,2022.09.

[14]赵丽莉.新技术变革与知识产权保护[M].青岛:中国海洋大学出版

社,2022.09.

[15]曾礼.民间文学艺术知识产权保护研究[M].武汉:武汉大学出版社，2022.12.

[16]夏露.知识产权[M].北京:经济科学出版社,2022.02.

[17]崔忠武,于正河.知识产权管理实务[M].北京:中国政法大学出版社,2022.08.

[18]马海霞.知识产权法概论[M].北京:法律出版社,2019.11.

[19]王渊.商标法原理与经典案例解析[M].兰州:兰州大学出版社，2022.03.

[20]宁立志,叶紫薇.商标抢注研究[M].北京:人民出版社,2022.11.

[21]马丽萍.商标使用研究[M].北京:中国社会科学出版社,2022.06.

[22]国伟.专利诉讼的主体类型及专利特征研究[M].北京:中国纺织出版社,2022.09.

[23]李靖,刘军平,杨军.专利概述与创新赋能[M].武汉:华中科技大学出版社,2022.10.

[24]文庭孝.专利信息挖掘研究[M].北京:知识产权出版社,2022.07.

[25]李冲.专利运营概论[M].北京:知识产权出版社,2022.06.

[26]李明,陈向东.企业专利组合辨识与专利价值研究[M].北京:北京航空航天大学出版社,2022.05.

[27]黄玉烨,李青文.中国知识产权法院建设研究[M].北京:知识产权出版社,2022.07.

[28]何鹏程.知识产权的法律保护[J].法制博览,2021(21):73－74.

[29]钟丕琼,张才琴.论知识产权损害的确定[J].区域治理,2022(18):113－116.

[30]张萌,王婧霖.知识产权服务机构分析[J].文化产业,2022(19):4－6.

[31]聂子赫,康金怡.知识产权证券化——知识产权的资本价值转化[J].环渤海经济瞭望,2022(6):159－161.